U0922038

我的老虎尾巴书房

谢其章 著

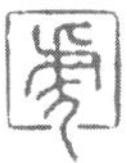

上海交通大學出版社
SHANGHAI JIAO TONG UNIVERSITY PRESS

内容提要

本书作者在他六平方米的“老虎尾巴”里，写作发表了千余篇文章、出版了二十几本书，接待过电视台和电影厂的采访，“老虎尾巴”见证了他从爱书之人成为知名藏书家、写书人的近三十年岁月。谢其章曾说：“没有鲁迅的感召，没有‘老虎尾巴’，我将一事无成。”而这本书也是他近三十年藏书点滴的记录和拾珍。

图书在版编目（CIP）数据

我的老虎尾巴书房／谢其章著．—上海：上海交通大学出版社，2018
ISBN 978-7-313-19186-1

Ⅰ．①我…　Ⅱ．①谢…　Ⅲ．①藏书—文集　Ⅳ．①G253-53

中国版本图书馆CIP数据核字（2018）第054429号

我的老虎尾巴书房

著　　者：谢其章
出版发行：上海交通大学出版社
地　　址：上海市番禺路951号
邮政编码：200030
电　　话：021-64071208
出 版 人：谈　毅
印　　制：苏州市越洋印刷有限公司
经　　销：全国新华书店
开　　本：880mm×1230mm　1/32
印　　张：7.25
字　　数：165千字
版　　次：2018年9月第1版
印　　次：2018年9月第1次印刷
书　　号：ISBN 978-7-313-19186-1/G
定　　价：68.00元

序

如果书名里没有“老虎尾巴”这四个字，迳称“我的书房”，那就省下好多话了，自己给自己找麻烦，开篇先得解释“老虎尾巴”是咋回事。

一九二三年七月，鲁迅与周作人发生“失和”事件。七月十四日鲁迅日记：“是夜始改在自室吃饭，自具一肴，此可记也。”七月十九日鲁迅接到周作人一信，信里有句话：“以后请不要再到后边院子里来，没有别的话。”饭也不能一起吃啦，后院也不准去啦，事情的性质一定非常严重。周氏兄弟“失和”的直接原因，这里不做讨论，只想说一句，迄今为止所有专家学者在这件事上的论点论据均违背了基本的常识和逻辑。八月二日，鲁迅日记：“下午携妇迁居砖塔胡同六十一号。”如今八道湾十一号已拆掉另做他用，砖塔胡同六十一号却“原貌尚存”，好像鲁迅压根儿没住过似的遭受冷落。六十一号乃小门小院，无法跟八道湾十一号深宅大院相比，鲁迅明白六十一号只是暂栖之地（每月租金八元），遂即四处看房，开始了定居北京之后的第二次买房（鲁迅要求的是独门独院，自家独住），果不其然，一九二四年五月二十五日，鲁迅搬进了自己出资、自己设计翻建的新居——宫门口西三条胡同二十一号。

乔迁西三条二十一号的当天下午，鲁迅的好友许钦文（一八九七年——一九八四年）来道喜，鲁迅领他各处参观，当许钦文转到北屋的后面，见到凸在三间平房中间的那间小屋时，面露诧异，鲁迅说："这就是老虎尾巴，钦文，你看像不像？自然，真的老虎尾巴还要长一点，而且尾巴的末端总是有点弯拢的。哈哈，有一点像就是了。"这间老虎尾巴是鲁迅的写作之所，书桌放在东墙下，"那么右手执笔写字，不会遮光。"这是一九七九年许钦文《老虎尾巴》里记忆鲁迅说的话。

更早的时候，一九四〇年十月鲁迅去世四周年之际，许钦文写有《在老虎尾巴的鲁迅先生》，刊于《宇宙风乙刊》第三十一期，我不知道这是不是第一次将鲁迅和老虎尾巴联系起来，我也不知道鲁迅自己的文章里出现过"老虎尾巴"这四个字么？（查《鲁迅全集》注释里没有）如果没有，许钦文就是发布"老虎尾巴"第一人。鲁迅只是私下闲聊时说起这间小屋，称之为"老虎尾巴"，而公开文章里鲁迅称其为"绿林书屋"（《华盖集·题记》末署"一九二五年十二月三十一日之夜，记于绿林书屋东壁下。"）对比许钦文前后两篇谈老虎尾巴的文章，还是早先那篇亲切平和，晚年的回忆容易犯添枝加叶的毛病。

今天，"老虎尾巴"的尽人皆知，许钦文功不可没，另外一个重要的因素是西三条二十一号鲁迅故居升格为鲁迅博物馆，千秋万代有了保障，博物馆说明书里少不得"老虎尾巴"的介绍。可是一九四九年之前，连许广平都没说起过"老虎尾巴"，而是这么说："在北京，他（鲁迅）房子的北面像倒放的品字，他就在倒下的口字中作为卧室兼书室。"

这本小书的第一篇，我预备搁上这两天新写的《鲁迅"老虎尾巴"传播史》，序里头就不再多说了。下面回到正题"我的老虎尾巴书房"来。

我现在住两室一厅的房子，将厅隔出一小间作书房，约六平方米，朝北，一窗，形制上与鲁迅的老虎尾巴约略相近，平生崇敬鲁迅，私下里便随口称呼这小间为“老虎尾巴”。恰好那一年我转行为自由作家，“老虎尾巴”开始发挥效能，二十几年来出版了二十几本书，发表散篇文章千余篇，均生产自“老虎尾巴”。“老虎尾巴”接待过电视台十多次采访，甚至拍过电影呢，这部电影（《光影百年》）的首映于人民大会堂举行，党和国家领导人出席，并于新闻联播中播出首映的消息。这也许是我的老虎尾巴最高光的一瞬。

如今悠闲地聊着书房，对我而言依然是件奢侈的事情。刚成家的时候，全部家当是一间平房，一张床，一个低柜，四把折叠椅。房子估约是二十世纪二十年代盖的。那年月因为住得太过逼仄，家家都想方设法扩张，扩张也有局限，一般是往前扩，特有本事的才往上扩——光有本事还不成，房顶是平顶的才成。我是往前扩，拆窗户的时候，看到檩子上有粗铅笔字，写的是什么忘记了，只记住了“1926”这几个字。我家是此屋建成二十五年后搬进来的。建成五十五年后，我拆了窗户，往前扩了一米多；建成七十年后，屋子连同院子、连同胡同，被彻底拆光了，从此我失去了凭吊旧居的依据。在这间平房里，我没有写字的桌子，实在想写的时候，就把低柜的抽屉拉出来，上面放块三合板，这就是我最初的书桌。

连书桌都没有，更别奢谈书房了。我理解的书房，就是一间纯粹的放置图书的单独房子。现在很多人住的是楼房，把其中的一间辟为书房，即与平房时代的书房不大一样——情调上的差异：楼房的书房窗外没有树，更没有花草。从哪个意义上说，我都没有纯粹的书房，前半生已经没有，后半生亦不大可能有。我有一个看法，环境太糟糕和环境太优越，都会影响写东西的质量与数量。大家都在谈书房，可是却很少看到有人谈书房里的书桌，书桌乃书房第一宠物。旧人笔记《养和室随笔》其中一节《康熙长案》有云：“旧京诸故家名士讲究文玩者，类多兼注意于几案。余所往还诸君多有自制之书案，或便于临摹，或便于藏弆，或便于著作。大抵面取其平而广，抽替取其多而大，木质取其介乎刚柔之间，色泽取其古雅朴润，若西式几案虽精亦在所不取也。”木工活计，我亦曾爱好了几年。

旅美作家於梨华说：“两年后我走入了第二个婚姻，也走入了一个偌大的住宅，还有一间明亮的书房。我在书桌前坐下，两手轻抚光洁的桌面，默默地说：希望我不负你。”曾经有朋友让我去他的豪宅里写东西，他是好意，可是他不明白，离开了老虎尾巴，我一个字都写不出来。

我的老虎尾巴六平方米（鲁迅的老虎尾巴是八点四平方米），二米宽三米长。虽然小，但是很纯粹；虽然小，但是功能齐备。这六平方米是这么安排的：西墙是一架书柜，里面放着《万象》《春秋》《茶话》《紫罗兰》等成套民国刊物；书柜前面顶天立地放着二十只纸箱，里面全部是旧书刊；纸箱前面是一块大门板，这是我的写字台；门板是用纸箱垫起来的，纸箱里当然还是书；门板上横放着六个书格，搁一些常用的书；东墙是顶天立地的十二个书格，当然也塞满了书；门板与书格之间仅余六十厘米空隙，放把座椅和几个书格、书箱，六平方米无浪费一寸之地。以上所说乃老虎尾巴现状，二十年来不知有过多少次折腾，以求空间利用最大化。

这书里要写到二十几年来我的买书、读书、写书的诸多细节，还有许多难忘的往事。

这本书对我而言有点儿伤感，岁月的流逝，暮气的弥漫，似乎一天天迫近。

二〇一七年十二月十一日于古城老虎尾巴陋室

目 录

鲁迅“老虎尾巴”传播史

一九二四年五月二十五日，鲁迅迁居阜成门宫门口西三条胡同二十一号，鲁迅日记：“星期。晴。晨移居西三条胡同新屋。下午钦文来，赠以《纺轮故事》一本。风。”前一天五月二十四日，鲁迅日记：“晴。晨往女师校讲。上午往图书分馆访子佩不值，下午复访之，还以泉百。付漆工泉廿。夜收拾行李。”从旧京地图上来看，宫门口是到西三条的必经之路，如今直达鲁迅故居的路是很晚以后开辟的。

鲁迅新屋的第一位访客许钦文（一八九七年—一九八四年）十几年后写有《在老虎尾巴的鲁迅先生》，刊登在一九四〇年十月《宇宙风乙刊》三十一期。许钦文或许是使“老虎尾巴”名播天下的第一人，而鲁迅自己只是私下与许钦文闲聊时说起这间小屋称之为“老虎尾巴”，而公开文章里鲁迅称其为“绿林书屋”（见《华盖集·题记》末署“一九二五年十二月三十一日之夜，记于绿林书屋东壁下。”）

许钦文写道：“鲁迅先生这才重行露出笑容来解答，‘因为便宜点，这是灰棚，上面是平顶的，比较正式的房屋，钱可以省一半多。——这样在屋后面拖一间的灰棚，在北京，叫做老虎尾巴。现在我是住在老虎尾巴里了！’”

孙伏园也写到过鲁迅的“老虎尾巴”，发表的时间也比许钦文早，只是因为题目不醒目，刊物也不知名（《哭鲁迅先生》，载一九三六年十一月《潇湘涟漪》，第二卷，第八期），因此反而落后于许钦文。孙伏园写道："李先生替鲁迅先生的北房之后接出一间房子去，用玻璃窗，近乎画室，作为鲁迅先生的写作场所。鲁迅先生和我便到这间房子中坐下。鲁迅先生说：'我将来便住在这个老虎尾巴里。'因为这间房子是在全房屋的后面拖出一条来，颇像老虎之有尾巴。一直到鲁迅先生离开北平，一切写作及起居，都在这老虎尾巴之中。"

西三条二十一号房院，鲁迅买来后大拆大改，加盖"老虎尾巴"是鲁迅的主意。原房院图和鲁迅绘制的改建图纸保存至今，纸上"老虎尾巴"早在一九二三年十月三十一日鲁迅日记中就出现了："夜绘屋图三枚。"鲁迅与瓦匠李海德签订改建房院合同的《作法清单》也保存至今，其中涉及"老虎尾巴"（虎尾）的几段："明间新添平台后虎尾一间进深一丈面宽柱高遂大房成做……后虎尾装修六扇格格扇卡子花内里原旧连簷瓦口前簷一檩三件刮抱簷头见新成做后虎尾榻板旧的刮抱见新"。

鲁迅对许钦文发牢骚："改革实在是难，无论泥瓦匠和木匠，都总是要依他们的老法子做，我是大半托人代办的，不好意思多说，自然只好将就点！"

费劲八拉儿建成的西三条二十一号房院，鲁迅只住了两年零几个月。鲁迅走后，鲁迅的母亲鲁瑞将自己住的东间也往北扩出一间"灰棚"，与虎尾相连。稍有不同的是，鲁瑞的虎尾开了个后门，可以直接进到后院。由此我想到八道湾十一号中院的北房也曾增建过一间虎尾，甚至在坚固的西墙开凿出一个小门方便进出（我疑惑这个小门的作用）。

一九四四年十一月上海《万象》杂志刊出"晦庵"（唐弢）文章《帝城十日》，文章为日记体，自十月十日至十月二十一日。唐弢此行

北京宫门口西三条二十一号鲁迅故居“老虎尾巴”内景。鲁迅在这里居住了两年零三个月，创作了《野草》《彷徨》《朝花夕拾》《坟》《华盖集》等作品。

“老虎尾巴”外景。鲁迅望着窗外，写了一句著名的话：“一株是枣树，还有一株也是枣树。”

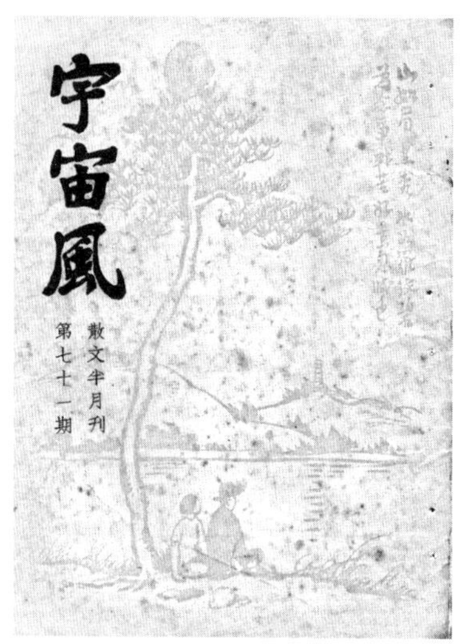

《宇宙风》杂志分甲刊和乙刊，乙刊的知名度远逊甲刊，总期数也不如甲刊多（五十六期对一五二期），唯内质难分伯仲。

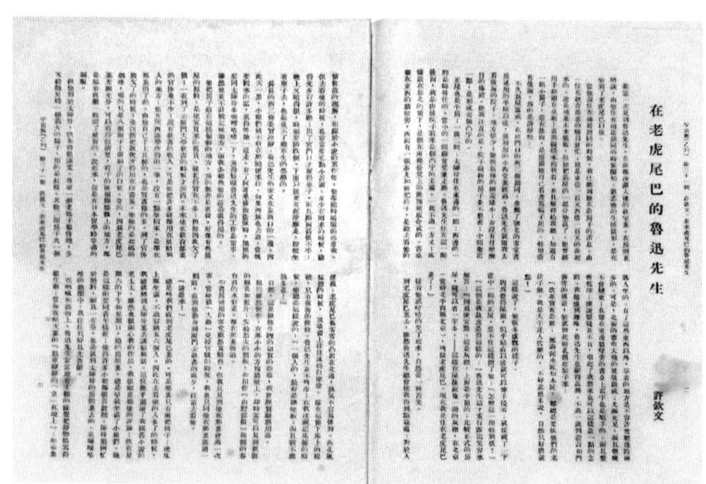

在老虎尾巴的魯迅先生

許欽文

许钦文《在老虎尾巴的鲁迅先生》版面

目的是“劝阻在平鲁迅家属出卖鲁迅藏书”。十月十四日黄昏，唐弢一行来到西三条二十一号：“经X先生介绍后，我就把在沪家属和友好的意见，代为传达，朱女士当即同意。卖书之议，已完全打销。一代文豪遗物，仍由其家属共同保管，必可避免散佚。至此，X先生乃开始领观屋内陈设，书籍堆置西厢，东厢为朱女士卧房，中厅后间小室，即鲁迅先生生前工作的地方。室内置半床一，写字台一，壁间悬陶元庆所作木炭半身大像，另有照相数幅，乃太夫人半身像一，所有布置，一如旧时。……八时辞出，在西大街晚餐。”一九八〇年唐弢于《〈帝城十日〉解》中透露，十月十四日晚所谓“朱女士当即同意”并非确情，——“听说我们来自上海，她的脸色立刻阴沉下来”，那句直击人心的呐喊：“我也是鲁迅的遗物，你们也得保存保存我呀！”

一九四六年，许广平北来：“我曾来京一月，日日在西三条整理鲁迅藏书，一一重新包装好才去。这其间，据看守的人说，因屋漏雨湿了书，曾经把漏湿的线装书拿到西四地摊上卖出。问是什么书，书有若干，也说不出。另外，在鲁迅住的老虎尾巴寝室，鲁迅不在京时，也被人借住过，他们随便拿鲁迅包藏好的《小说月报》等书观看。我整理书时，就看见原包已拆开，短了几册，不是鲁迅生前完整无缺的了。”（《鲁迅手迹和藏书的经过》，刊一九六一年第四期《图书馆》杂志）

我的朋友柯君昔年买到的鲁迅旧藏《淮南旧注校理》，即属于“曾经把漏湿的线装书拿到西四地摊上卖出”之一部，首页钤“鲁迅”朱文印，一九二五年十月二十八日鲁迅日记记有此书：“上午往中大讲并收九月分薪水泉五。买《淮南旧著校理》一本，《经籍旧音辩证》一部二本，各八角四分。”

一九四九年十月十九日，鲁迅去世十三年的日子，《人民日报》

刊登“柏生”文章《访鲁迅故居》，内云：“记者被人民政府派来看管房子的老者引进北屋。小小的屋子里已经挤满了人，充满着愉快的谈话声和笑声。在鲁迅生前写作的那间著名的叫作‘老虎尾巴’的小房里，许广平先生正和文物处的几个同志忙碌地整理、布置着。房子正在布置，墙壁已经刷白，门窗用墨色的、朱红色的油漆油饰一新。”文内所说“看管房子的老者”是矫庸和李育华两位。在一九五六年十月鲁迅博物馆建成之前，鲁迅故居每年对外只开放几天。

一九五〇年的一月，黄裳来北京，写了篇《老虎尾巴》，内云：“在报上，杂志上看过了不少次访问‘鲁迅故居’的文章，虽然不曾去，却好像已经对这个地方觉得十分稔熟了。然而始终觉得非亲自去瞻礼一下不可，从报上读访问记，始终总有些‘雾里看花’之感。可惜那地方很远，在宫门口西三条，是西城的一个角落里，而我是住在东城的，总抽不出那点时间。有一天下午，已经三点钟了，正好闲下来，就从西交民巷跳上三轮车，冒着晕黄的日光下的扑面的风沙，上宫门口去。……敲门而入，有一位穿制服的老人招待。签了名。他是市府派了来看管这所房子的，他对这房子很熟习，给瞻礼的人讲解着这个那个。我觉得他还应该多向鲁迅先生的朋友请教请教，应该多知道一些鲁迅在这里生活的故事，这样会给参观者更生动的印象。这是一所小小的四合院，建筑是很单薄的。那间‘老虎尾巴’的书房的木窗格，虽然加上了新的红油漆，也依然显得单薄，好像风一吹就会给吹断了似的，窗外的小院子里，有几只小鸡在啄米吃。”

黄裳这篇《老虎尾巴》一年后收入他的新书《新北京》里，书里附了一张“老虎尾巴”的照片，是在后面的园子里拍的。由于“老虎尾巴”形制特殊，所以它的正面照实际上是它的背面。另据

《北京博物馆工作纪事（1949年1月——1966年5月）》载："1949年9月26日矫庸、李育华被派往鲁迅故居，负责保护管理工作。本月间，邀请许广平亲临鲁迅故居验查，指导故居的复原工作。"此时百废待兴，匆匆赴任的矫、李两位对于鲁迅故居的讲解只限于"临时抱佛脚"的水平吧。

一九五一年五月二十二日上海《亦报》刊出"孟迪"（周丰一）文章《整理鲁迅故居藏书》，内云："我与九个图书馆同志参加鲁迅故居的图书整理编目的工作以来，已经快三个月了，大家都非常光荣，同时也感到惶恐。……需要注意每册书内的一纸一字，就是除了书内印就的字外，有任何字都要摘录出来，夹着任何纸条也要摘录，以备研究鲁迅的专家们去研究。……鲁迅先生故居是在阜成门内宫门口西三条路北的一座小黑门内，经过修理后，已是非常整齐的小四合了。出名的'老虎尾巴'照原样布置着。"

一九五五年五月二十二日，鲁迅故居来了一位特殊的参观者。一九七七年二月，七十五岁的李育华回忆说："1955年5月22日，阳光明媚，风和日暖，那是一个使我永生难忘的星期天。……上午十一点左右，我和老伴老矫正待在院子里。一个干部模样的同志敲门进了故居，他告诉我们，他在人大常委会工作的，并通知说，过一会儿，有首长要来这看一看。说完就和我们老俩口一起到故居的各屋转了一遍，又检查了一下前后院及四周的环境。这时，我抬头又看见了两位面孔熟识的公安部门的保卫人员进了故居院内。我立即断定，一定是有重要首长就要来了。……从小胡同的土路上迎面驶来两辆黑色小轿车，刚一停稳，从后边车里马上走出一位容光焕发，神采奕奕的人来，……我一下子就认出来了，哦！这不正是我们日思夜想的敬爱的周总理吗？！……周总理同老矫握手说：你们好！接着又和我握手。……总理走进故居院内，先进了北房东屋，一边仔细地听老矫介绍情况，一边不断地向老矫询问一些问题。当老矫从玻璃书橱里取出几本书来让总理看时，只听轻微的咔搭一声，新华社的一位女记者已将总理和老矫一起翻阅书籍的情景，拍摄了照片。从东屋出来，进入鲁迅的工作室兼卧室——'老虎尾巴'。总理很感兴趣的看着挂在东墙壁上的藤野先生照片，司徒乔的炭画素描《五个警察和一个0》，……总理看着这一件件珍贵的文物和小小'老虎尾巴'里十分简单的陈设，深有感触地赞叹道：'鲁迅的生活真是俭朴呵！'"

自李育华的回忆大致归纳出几点细节："我们原籍是东北，后来去到解放区，全国一解放，四九年人民政府就把我俩送到这里看守管理鲁迅故居。""有两个儿子在战争年代牺牲。""一度靠倒卖古旧书糊口，经常去琉璃厂。""总理顺手推开一旁的小门，那是通往我和老矫居住的一个小院，这时，我的一个四岁的孙女正在院角落独自玩耍。……老矫向总理介绍，这是西三条22号。"

今天，鲁迅的"老虎尾巴"尽人皆知，许钦文和孙伏园功不可没，另外一个重要的因素是西三条二十一号鲁迅故居升格为鲁迅博物馆，千秋万代有了保障，博物馆说明书里少不得"老虎尾巴"的介绍。可是一九四九年之前，连许广平都没说起过"老虎尾巴"，而是这么说："在北京，他（鲁迅）房子的北面像倒放的品字，他就在倒下的口字中作为卧室兼书室。"

鲁迅母亲和夫人朱安照片的首次面世

二〇一一年是鲁迅诞生一百三十周年，逝世七十五周年。重温当年鲁迅逝世之后出版的纪念特辑，是件很有意义的事情。史家称“一九三六年十月十九日鲁迅逝世以后的纪念文献浩如烟海，不胜搜寻”。鲁迅病逝于上海，当然上海当地出版的纪念刊物就多一些，分量也大一些，如《作家》《文学》《中流》等杂志，即“篇幅多，照片多，名家悼文多”。北京的悼念刊物相对于上海就逊色不少，唯《实报半月刊》的悼念特辑尚有些分量，而且第一回透露了当时外界不知道的鲁家内情，第一次向社会公开了鲁迅母亲和夫人朱安的照片，很有介绍的必要。当年有记者写道：“当笔者走到宫门口三条二十一号时，门前有许多的人在谈论着这不幸消息，因为过去他们不知道这伟大作家的家就是住在这里的啊。”

《实报半月刊》于一九三五年十月创刊，一九三七年八月因卢沟桥事变而停办。三十二开本，每期百余页，前面有几页专登照片，以今天的眼光来看，很具珍稀性。我们想一睹某人的真面目，就该感谢这本杂志。北平旧时的木刻家王青芳、畅销书《老宣疯话》的作者宣永光的尊容我就是这么看到的。还有一个特别之处，该刊每期的封面都有变化，题字也是一期一换。题字的当然都是政艺界大人物，至少也是名流。随便说几个，徐悲鸿、顾维钧、胡适、蒋作宾、汪兆铭、孙科。今天介绍的这期鲁迅悼念特辑是个例外，刊名是集的鲁迅的字。编者说："本期封面浅地系鲁迅二十岁时手抄之《穆天子传》。本期《实报半月刊》题签，即系由该文中摘出放大者。"右下角乃陶元庆所绘鲁迅像。

纪念特辑的通栏照片页四周围以黑框，标题为"悼伟大文人鲁迅特辑之页"，有照片十二幅，其中左半部有两张照片值得重点说一下，其余的多似转载上海方面的。这两张照片都是鲁迅逝世后北平的记者拍摄的，说明文字分别是"上为鲁迅北平故居之书室现已改为灵堂矣""左为在平故居之鲁迅老母鲁氏右为鲁迅元配妻朱氏"。鲁迅在西三条居住时没有留下过一张相片，现在他去世了，他的母亲和原配夫人朱安却因为他的去世被摄入了历史。

鲁迅十九日病逝，二十日北平《世界日报》旋即刊出记者的采访《周夫人述悲怀》，内云"鲁迅除有爱人许景宋女士及一子随同在沪外，北平西三条二十一号寓所，尚有其八十余岁老母，及妻朱安女士。此处周家已寄寓十余年，鲁迅生前在平时，即寓于斯。记者于辞别周作人后（按，此记者先于苦雨斋采访了周作人），即往访其夫人，其寓所为一小四合房，记者投刺后，即承朱女士延入当年鲁迅之书斋接见，室中环列书籍书柜甚多，东壁悬鲁迅速写像一帧，陈设朴素。朱女士年已届五十八岁，老态龙钟，发髻已结白绳，眼泪盈眶，哀痛之情流露无遗。记者略事寒暄后，朱女士即操绍兴语谈前两周尚接其（即指鲁迅）由沪来信，索取书籍，并谓近来身体渐趋痊复，热度亦退，已停止注射，前四日又来信谓体气益好，不料吾人正欣慰间，今晨突接噩耗（按，周作人十九日晨接周建人电报告知鲁迅逝世，马上托付同乡宋琳拿着电报往西三条报告凶信），万分怨痛，本人本拟即日南下奔丧，但因阿姑年逾八旬，残年风烛，

一九三六年十一月北平《实报半月刊》悼念鲁迅逝世的整幅版面

幸与不幸，难说得很。朱安与鲁迅母亲的尊容因了鲁迅的去世而首次上了媒体。

聆此消息，当更伤心，扶持之役，责无旁贷，事实上又难成行，真使人莫知所措也。记者以朱女士伤感过度，精神不佳，不敢过事长谈，遂即兴辞”。是不是这位《世界日报》记者拍摄的照片，不能确定。

二十一日的《北平晨报》有一篇署名“介夫”的文章《中国名作家鲁迅夫人访问记》，其中的描述更多与照片相符：“三间北房坐着鲁迅母亲和他的原配夫人，三间南屋那就是鲁迅昔日在平居住写作的屋子，四周的书柜里，装满了线装的书籍和些中日文的书。昨天这里便自权作成了致祭的地方。在东边的墙壁上，挂着一张长约二尺，宽有一尺的画像，据说这是陶元庆于一九二六年鲁迅在平时给画的，面貌仍是那么清瘦的。前面一个长桌上摆着祭品，屋里充满了肃穆的气氛，使我沉默了有好久。鲁迅的夫人面貌也是清癯的很，看年纪已有半百开外了，穿着白鞋白袜，并用白带扎着腿，头上挽着一个小髻，也用白绳束着。”是不是这位“介夫”拍摄的，也不好确定。“介夫”在这里还碰到了周作人。鲁迅母亲与朱安的这张合照据称也是同一天拍摄的。现在我们仍然找不到首次向社会大众曝光鲁迅母亲和夫人朱安照片的拍摄者，这位无名摄影者按下的快门，留下的是何其宝贵的世纪珍影。

最快报道鲁迅逝世的《生活知识》

二〇一一年对于鲁迅来说，是他诞生一百三十周年（一八八一年—二〇一一年），逝世七十五周年（一九三六年—二〇一一年）。我记得以前这两个日子，是有不少活动的。诞辰纪念，逝世纪念，哪个意义更重大，好像到了整数年，这意义方能凸显。鲁迅诞辰一百年的一九八一年，专门出版了新版的《鲁迅全集》。鲁迅逝世十周年（一九四六年）和二十周年（一九五六年），都有大的活动，一九五六年出版的《鲁迅全集》即含纪念的意思。

有家杂志每期都策划个专题，然后按照专题约作者。我也经常被约到，有的选题我写得了，更多的情况是我没能力写或说没兴趣写。这一年有不少重大历史选题，我建议这家杂志弄个“纪念鲁迅”专号，约稿的编辑说主编对鲁迅有看法，这个选题免了吧。鲁迅的影响确实大不如前了，这是现实。我自己出过十几本书，都算比较顺利地通过出版社“选题”关的，唯有一本关于鲁迅的书稿，四五回吧，报到出版社，都败下阵来，最接近成功的一回，出版社都问到我稿酬是按版税还是按字数结算这一步了，最终还是没成。

其实有没有活动，书稿废不废，都挡不住个人搞“鲁迅专题”的热情。我自己尤其对鲁迅的“纪念号”“悼念号”有兴趣。最近淘得一册《生活知识》，很普通的一本杂志，却隐藏着很不寻常的意义，它竟然是鲁迅逝世后，最快报道这个举世震惊的“凶讯”的杂志。

一九三六年十月十九日凌晨五时，鲁迅逝世于上海北四川路大陆新村内九号寓所。最早向外界发布鲁迅病逝消息的是上海的《大沪晚报》:“中国文坛巨星殒落，鲁迅先生今晨逝世，昨日起突发恶性气喘症医治罔效，今晨五时长逝遗体送万国殡仪馆”。我曾经写过，“报纸的消息报道速度比之杂志是快得多的，报纸是当日事当日见报，而最快的杂志已是鲁迅死去后的第六天了，这本杂志是《生活星期刊》，时间是1936年10月25日，它刊出的悼念文章仅两篇——胡愈之《鲁迅，民族革命的伟大斗士》，白危《记鲁迅》。”现在得到了《生活知识》，这个“最快的杂志”的荣誉就不属于《生活星期刊》了（实际上这两本杂志同属一个东家，就是生活书店）。

这本《生活知识》于一九三六年十月二十日出版，正是鲁迅病逝的第二天，比之《生活星期刊》早了五天。（说到《生活星期刊》，还要插一句。它的悼念鲁迅专号，一直是我想收藏的，可一直未能如愿。上个月在潘家园旧书摊，猛地见到一册，摊主用塑料袋装着，搁在身边——摊主认为要紧的值钱的书一般都放在眼前，生怕被孔乙己顺了去。由于是八开的大刊物，中间有一道深深的折痕，折得就快一撕两半了。摊主开价八百元，最终商价未谐。）《生活知识》是三十二开杂志，这一期是第二卷第十一期，封面是力群的木刻鲁迅像。我不懂木刻，最近看了一本洋人的版画书，里面说到某幅版画是“根据照片进行刻版”，方才醒悟版画也与画画一样，得先有个“模特”，而这个模特有的时候就是照片。力群的这张流传甚广的鲁迅木刻像，实际的模特当然不会是鲁迅本人，这个模特应该是鲁迅于一九三三年五月二十六日拍的照片（见鲁迅当天日记“同姚克往

名不见经传的《生活知识》杂志。

大马路照相”），拿照片与木刻像对比一下，细节全对得上，衣领口的两个白道亦分毫不少。

由于时间紧迫，《生活知识》虽然获得了最快之声誉，可是内容的分量不免有些单薄，远不及后来的悼念号来得厚重。扉页是两张鲁迅照相，一张是前面说过的那张，一张是躺在床上最后的遗像。鲁迅的遗容，浓密的胡须仍在，像胡行之说的“唇上堆着一撮黑须”。文章只有两篇，一篇是《我们失掉了伟大的导师——悼鲁迅先生》，另一篇是材料性质的《鲁迅先生传略》。再有的是一页鲁迅的墨迹。比较特殊的是该杂志居然这么快约来了两首悼歌，一首是《鲁迅先生挽歌》，歌词的前两句为“你底笔尖是枪尖，刺透了旧中国的脸。你的声音是晨钟，唤醒了奴隶的迷梦。”另一首是《哀悼鲁迅先生》，这首歌“拟《打回老家去》谱”，倒是一个应急之法，只要会唱《打回老家去》，就会唱这首歌。

逝世当月在速度上胜出的刊物还有：《学生与国家》（十月二十五日）、《通俗文化》（十月三十日）、《文化与教育》（十月三十日）、《现代青年》（十月三十日），四本杂志共计刊登十一篇悼念文章。十一月出版的鲁迅逝世纪念刊就非常之多了，知名的有《文季月刊》《文学》《中流》《作家》《光明》等。此时的纪念刊，由于组稿时间较为宽裕，外形及内容都厚重起来。（自此，人们对鲁迅的逝世已从初期的沉重“悼念”慢慢转向持久的沉思的“纪念”。）再往后，每年逢临鲁迅诞辰与忌日，总会有一些杂志想到要用出一本纪念专刊的方式来寄托自己的哀思。如今，这些鲁迅纪念刊已成为颇具长远珍存价值的出版物。有一件事，特别能说明纪念刊的特殊意义，鲁迅去世一个月那天，许广平、茅盾、孟十还（《作家》主编）、黎烈文（《中流》主编）等，去万国公墓悼念鲁迅。随后，田

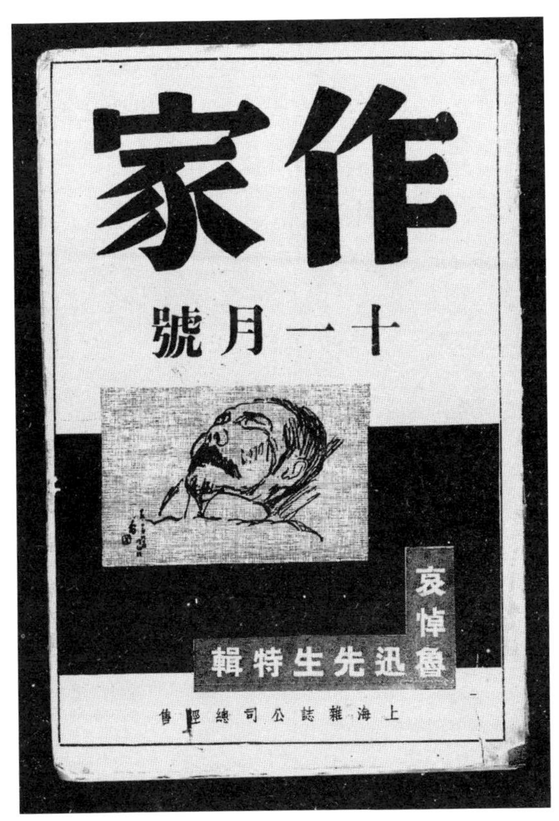

在我的“鲁迅纪念特辑”专题里,《作家》得之最不容易，也是我最珍爱的一本。

军（《八月的乡村》作者，鲁迅曾为此书作序）也来了，他除了和大家一起向鲁迅致敬，更是要把《中流》和《作家》两本鲁迅追悼专号焚烧在鲁迅灵前，让鲁迅先生在九泉之下，也能够看到哀悼文字。

而今，与鲁迅有过交往的作家，与鲁迅同时代的作家，恐怕一位都不存于世了吧。这样的话，假使有什么纪念刊物要出的话，也不会超得过以往了，说不定还会有什么奇谈怪论掺杂进来，那样的话还真是不必多此一举的好。

我与《鲁迅全集》的小故事

鲁迅从来没有离开过我们哪怕一天，就算是在那最荒诞的年代，也还是有鲁迅的书陪伴左右。我在插队的岁月里，仍写日记不辍，其中抄引两个人的语录最多，鲁迅是其一。鲁迅的《别诸弟三首》：

谋生无奈日奔驰，有弟偏教各别离。
最是令人凄绝处，孤檠长夜雨来时。

还家未久又离家，日暮新愁分外加。
夹道万株杨柳树，望中都化断肠花。

从来一别又经年，万里长风送客船。
我有一言应记取：文章得失不由天。

就是那时背下来的。前两首尤其背得熟，盖与当时的心情太合拍了。“檠”字不认得，但意思是明白的。

回城之后，混混沌沌，似乎很快就忘记了农村之苦，对于平淡无奇的城市生活渐生厌烦。张贤亮说什么“在清水里泡三次，在血水里浴三次，在碱水里煮三次”，可见我经历的苦难还不够。一九八一年，鲁迅诞辰一百年，人民文学出版社出版了新版的《鲁迅全集》，我称之为“百年版”。也就是从这年开始，我从一个阅读者慢慢蜕变为一个患得患失的集书者，虽然我的“鲁迅专题”也是大多数人的追求。

《鲁迅全集》是我集书的第一步，现在我已收集有七套《鲁迅全集》，但是最名贵的一九三八年复社版，我只有纪念版里乙种本的一个零本。一九五七年某期《人民画报》封面是电影明星白杨的书房，书架上一排红色的《鲁迅全集》，只可能是“三八版”。听说周总理和陈毅到白杨家做客，陈毅问白杨："这么多书啊，你都看了吗？”白杨不知如何对答，还是总理反问的陈毅，“你家里那些书，你都读了吗？”

我私底下是采用集邮者对中国邮票的划分方法来划分《鲁迅全集》的四个出版时期。“民国邮票”对应民国时期出版的《鲁迅全集》;“老纪特”对应五六十年代的《鲁迅全集》;“文革票”对应一九七三年版《鲁迅全集》;“新JT”对应二十世纪八十年代以来所出《鲁迅全集》。玩过邮票的人能懂我的意思。

民国时期比较常见的《鲁迅全集》是一九四六年的“鲁迅全集出版社”版，我管它叫“十年版”，盖纪念鲁迅逝世十周年也。可是凑齐二十卷也不大容易，书的保存状态有好有坏，整套书最忌讳的就是书品不一。一九四八年东北光华书店也再版了“三八版”《鲁迅全集》，光华版的可爱之处是“牛皮纸护封”，前两种全集都没有护封。可爱的后果是“可惜”，读书人从来就不知道善待护封，我们现在看到的“光华版”百分之九十九都丢弃了护封，仅存的也像一件破布衫了，所以光华版虽常见，但从未见到过完美无缺的一整套，图书馆可能有存，你却无法据为己有。

我爱人在大学工作，赶上一回院校合并，图书馆处理书，紧忙叫我去挑书。可惜这大学不是北大也不是清华，几乎没有“四九”之前的旧版书，我最大的收获是十六卷本《鲁迅全集》(“百年版”)，还是“特精装本”，特征是“深咖啡绸封面，书名烫金字，文字白报纸印，插图用铜版纸，外有米黄色木纹纸护封，另有硬纸板书套”。好像才收了我十块钱。“百年版”还有更好的“特精装纪念本”，书口涂金色，有机玻璃函套，每四卷一函。有机玻璃太不上档次了吧，用它来包裹鲁迅有点俗。早就被人遗忘的张光宇先生一九五九年在《谈谈书籍装帧》里说过，“以上这些精装书，大多数是犯了‘三烫’或‘两烫’的毛病，三烫就是烫两种颜色之外还要烫一套暗花。二烫就是烫两色或烫一明一暗的花。这些方法，并不是绝对不可以用，不过上面所举的例子，正是一本也不应该这么做，这样做给人一种浮夸之感。《鲁迅全集》也是如此。鲁迅先生的书，越装越精致，也是不宜的，越是穿上绸缎绫罗，越是弄得金碧辉煌，就离开鲁迅先生的精神越远。”

张光宇先生批评的是装帧手段的“过犹不及”和“一窝蜂”，批评归批评，实际上是没有任何效果的，尤其是对全集而言。倒是鲁迅的单行本，很少犯装饰过度的毛病，本本都是朴茂可喜，我指的可是四五六十年代的本子，越早期的越好。这些单行本属于“鲁迅专题”的一个分支，亦版本繁杂，姹紫嫣红，且按下不表，留着以后细说。

一九五六年，鲁迅逝世二十周年，人民文学出版社开始出版“四九”之后的第一回《鲁迅全集》，我称之为“廿年版”，这回是“十卷本”，它的特征是“专收鲁迅的创作、评论和文学史著作，及部分书信。翻译及编校作品另行出版”。“廿年版”的版次很多，最后一个版次是一九六三年的，除了一九六〇年、一九六二年两年，印刷机一直没闲着，至少从版权页来看是这样的。我的七套《鲁迅全集》，“廿年版”占了三套，零本无算，书友们说我收得太过分了，可我就是欲罢不能，尤其是碰到“新若未触”的全集零本，必购之而后快。全集之旅，得意之作还要算“重磅道林纸精印”“蓝色涂顶”的那套“大开本”全集。买书的过程仍历历在目，骑着一辆破自行车，巡阅书肆的情景已成为惆怅的往日。许多当年卖书给我的店员，小姑娘变成了“孩儿他妈”，小伙子变成了“孩儿他爹”，人书俱老矣。

一九七三年年底，人民文学出版社据“三八版”重排出版《鲁迅全集》，我称之为“七三版”。出版的原因据说是这样的：周总理接待外国首脑，想着送人家一套“三八版”《鲁迅全集》，找来找去，居然成了难事，后来还是从鲁迅博物馆的库存纪念本中选出一套赠送。事后，周总理指示出版《鲁迅全集》。

“七三版”分甲乙两种，甲种也叫“出口本”，道林纸印，蓝布面精装，书脊文字烫金，月白淡灰色护封。这些装帧不稀奇，过去都用过，奇就奇在护封之外还有一层“塑料薄膜透明护封”，双护封，这做法也许是空前绝后了。我购得的这套“七三版”正是“出口本”，还是鲁迅研究学者王观泉的旧藏。书的定价是八十元，我买价为定价的十二倍。回想起一九七三年，我人在青海，最后一天的日记记着：“异常暗淡的一年即将过去，年初的几个愿望一个也没成功。比较值得高兴的是，牦牛山那十多天的工钱又补了三十块，可以看作飞来之财吧。晚上和胡蘅对家打桥牌连输三局，是不是预示新的一年也和今年一样，输得精光。”

拿什么来纪念鲁迅先生?

二〇一一年秋天适逢两个重要的日子：九月二十五日是鲁迅诞生一百三十周年（一八八一年—二〇一一年），十月十九日是鲁迅逝世七十五周年（一九三六年—二〇一一年）。我一直有一个“鲁迅逝世纪念刊”的藏书专题，我以这种方式来纪念我心中的鲁迅。史家称“一九三六年十月十九日鲁迅逝世以后的纪念文献浩如烟海，不胜搜寻”。相对而言，我的专题似乎很渺小。

鲁迅的逝世，在当年引发的震撼，于每个阶层是不同的。有说“就是我生身父亲死了，我也没像这样流过泪。”——有说“鲁迅之死，比苏联的高尔基之死，损失要大到万倍。”——有说“我们在嗷嗷待哺的时候，丧失了我们惟一的乳母。”——有说“敌乎友乎余惟自问，知我罪我公已无言。”——有说“南腔北调，故事新编，威比热风，状隐彷徨。”每个人沉痛的程度有所不同，或如丧父，或如失友，但都可见鲁迅“风号大树中天立”的影响，波及最大多数的心灵。

这些多的纪念专刊，当然也是代表了各个阶层的意愿。不一样的声音，不一样的写法自不能免。《多样文艺》的“哀悼鲁迅先生特辑”（一九三六年十一月一日出版），里面有八篇哀悼文章，其中有两篇直截了当地描述了他们眼中的鲁迅——“我一看他的神态，就觉得他不是一个普通的教授。身材不高，面色微黄，几乎有点像抽大烟的——这是他所深恶痛疾的恶习之一。”（董秋芬《我所认识的鲁迅先生》）——“一霎时，掌声雷动，讲坛上便挺立着一个老头儿。他的模样呢，黄黄的脸，唇上堆着一撮黑须，发是乱蓬蓬的，穿着一件颇肮脏的老布长衫，面色黄黑，赛似一个鸦片鬼，又似一个土老头，如果说没有读过他的文章，怎会知道这是一个文坛健将呢?”（胡行之《关于鲁迅先生》）在当时和以后的许许多多悼念或纪念鲁迅的文章中，我喜欢读的是与鲁迅有过亲身接触的人所写的文字，他们的直观感觉总比泛泛之论来得有意思，他们在如实地表达自己的悼念情感的同时，又敢于如实地表达自己对崇高者外貌的直观印象。我们可以对一位从未有过来往的贤者发上一番敬仰之情，但是这份情感里或多或少欠缺一点真实，因为距离才能产生敬仰，而距离又往往误导我们的判断。我的意思是：一个人，如果被与他交往过的人中的大多数和未与他交往过的人中的大多数都共同崇敬的话，这个人才是一个值得永久纪念的人。鲁迅，无疑是这样的人。

纪念专刊（也有称专号，特辑）除了文字资料非常丰富，还留下很多珍贵图片（照片、木刻、速写），更有鲁迅遗容的即时相片，即时速写，诸多艺术家被最大的哀痛激发出最大的才华，在不容有丝毫差错的情况下，在不可能重复的极短时间里，为我们、为后世保存下来鲁迅最后的魂魄。感激这些名字：司徒乔，力群，楷人，沙飞。纪念刊中图片最多的是《作家》杂志，多达八十余幅。说起《作家》的悼念特辑，我的藏本经过是最不寻常的。先是十年前在拍卖场上见到一册，我想要，一位书友也想要，后来他一百五十元拍得了。后来又屡屡在旧书店或旧书摊见到，不是价钱要得太高，就是书的状况不合意，反正是屡见屡失。这年八月十三日，北京德宝拍卖公司举办了一场新文学书刊专场拍卖，恰好有《作家》在其中，共七本，《悼念鲁迅逝世特辑》也在，书品很过得去。我决定参拍，但也不愿意花太大的价钱，前面的拍品都拍得很贵很贵，我有些担心特辑也会拍得很高，天遂人愿，拍到特辑时我是唯一的应价者，以底价买到特辑。至此，我的这个专题中重要的特辑基本收全了。

《鲁迅奋斗画传》并非讴歌之作

二〇一二年十二月《上海书评》连续刊出周劭《三十年代文坛八仙过海图》、黄可《肖像漫画高手汪子美》两篇关于二十世纪三十年代老漫画的文章，读了之后大呼过瘾。文化老人一个一个走了，好看的回忆文章，亲历性掌故文章越来越难以读到了。

读过之后有了两个疑问：

一是，《文坛八仙过海图》首刊于哪本杂志？

二是，《鲁迅奋斗画传》是讴歌之作么？

周劭文章一开头提到魏绍昌先生“是当今文坛的掌故和资料专家”。并说：“去冬[1]有一天，他来电问我，有没有见过三十年代某杂志上刊载的一幅整版的漫画《文坛八仙过海图》[2]？”魏绍昌对于三十年代漫画评价极高，曾下过这样的论断：“唐诗、宋词、元曲、明清小说以及民国漫画，都是代表一个时代的最富有特色、创造力以及名家荟萃的文艺种类。”

魏绍昌（一九二二年—二〇〇〇年）电话中说了“某杂志”的名字，周劭没有听清楚，两人便再无机会当面交流这幅《文坛八仙

1 谢注：一九九九年。

2 谢注：应是《新八仙过海图》。

过海图》，所以周劭“没有实物，只得凭想象：这幅画发表的年份大致可以确定为1933年，而刊载的刊物不出于《论语》半月刊和《时代漫画》，而以前者可能性较多。”

我手头存有全份《论语》（只少一期），所以有把握说《新八仙过海图》没有在《论语》刊出过。魏绍昌所说“一幅整版”，我的理解是十六开杂志的两页，譬如鲁少飞的《文坛茶话图》即于《六艺》杂志上横跨两页形成“一幅整版”漫画。《鲁迅奋斗画传》同样也是一幅这样的“整版漫画”。《论语》从未刊载过横跨两页的大幅漫画。

《时代漫画》从一九三四年到一九三七年共出版三十九期，时间上是不符合周劭所说的“1933年”的。我存有二十几期《时代漫画》，没有发现《新八仙过海图》。二〇一三年五月上海社会科学院出版社出版了《时代漫画》选本，是范用提供的全套三十九期作为底本，可以查查上面有没有《新八仙过海图》，这书我是有的，现在想查却怎么也找不到。山东画报出版社出过六辑《老漫画》，我翻过，没有《新八仙过海图》。

按说《新八仙过海图》是应该发表在漫画刊物上才算门当户对。上海当时有十几种漫刊，有条件者可以翻翻看。还有一个途径，魏绍昌的藏书不是捐献给上海作协了么，直接从那里找，也算代替魏、周两位完成未了之愿。

“山重水复疑无路，柳暗花明又一村。”真是很有道理，既然按照周劭线索找不着这幅画，就往别处动脑筋吧。忽然想起在《逸经》杂志里好像见过这幅漫画，一翻还真是翻到了，但《逸经》是转载过来的，原发刊肯定不是《逸经》，还得接着找。魏绍昌可能没读到《逸经》，不然周劭不会这么讲：“八仙中有几位辨认不出，要我（周劭）为他辨认一下，他当携图前来就教。”因为《逸经》中《新八仙过海图》下有文字说明：蓝采和–俞平伯；张果老–周作人；李铁拐–舒舍予；韩湘子–郁达夫；汉钟离–丰子恺；曹国舅–大华烈士；何仙姑–姚颖；吕洞宾–林语堂。

《逸经》的这幅图是作为五知（谢兴尧）文《瑶斋漫笔》中的一节《新旧八仙考》的附图出现的，图不大，只占一页的一半，除了图下的说明文字，还有一行标题“新八仙过海图　汪子美作　斑园藏”。谢兴尧文中亦称：“至去年夏，林氏将赴美，某漫画杂志始有‘八仙过海图’，即摩登新八仙也。”这幅画确实是首刊于漫画杂志的，而且可以推断出是一九三六年出版的漫刊。谢兴尧十几年前曾通过赵龙江兄借我的《论语》来复制姚颖的玉照。

周劭所说新八仙名单多有失忆之处，这在他文章的最后已经说明了：“一定与事实不符甚多，也只好由他去，读者只引为谈助好了。”

黄可先生是近现代美术史专家，他也没见过《新八仙过海图》，可见这幅漫画隐藏之深。

黄可先生对于这幅画的作者汪子美评价很高，如果这个评价只限于艺术层面那是非常恰如其分的，可是说“汪子美除漫画创作漫画之外……他对文学界亦甚关注，尤其关注文化巨人、左翼作家领袖鲁迅先生。就在鲁迅先生于1936年10月19日在其上海山阴路大路新村寓所逝世之后的当年11月，汪子美满怀深情地创作了漫画组画《鲁迅奋斗画传》……以肖像漫画的形式，讴歌了鲁迅先生的一生”，我认为不是很恰当。

鲁迅对于二十世纪三十年代漫画有没有如对木刻那么大的影响？毕克官在八十年代与多位老漫画家交谈中已经得出结论：没有

鲁迅是漫画家笔下最称职的模特，画出鲁迅神采并不容易。大浪淘沙，风卷残云，汪子美的《鲁迅奋斗画传》足以传世。

我的审美也许有偏见，可是吾国近现代漫画传世之作寥寥无几也是事实，《新八仙过海图》无疑能进前十名。

什么影响。

三十年代的漫画家是不是像三十年代文学青年那样满怀深情地买鲁迅的账？我看未必。丁聪在鲁迅死后画过一张漫画。一个青年拿着报纸表情沉痛，上面报道鲁迅去世了。另一位青年对他说，“鲁迅的死算得什么，又不是阮玲玉。”

一九三六年十一月四日第一届全国漫画展在上海举办。漫展开幕前半个月，十月十九日鲁迅病逝，这于当时是第一等大事，漫展会不会有所表示呢，我只在漫展“目录”中找到鲁少飞画的《鲁迅对死之鄙视》，可惜未看到原作。后来我于某漫画刊物中欣喜地看到了鲁少飞这幅画，画名是《鲁迅之死》。木刻家刀下的鲁迅形象始终是正面的，漫画家则坚持职业操守——不挖苦还是漫画吗？骷髅手中的牌子上书八个颜体大字“上等寿棺，请君入内”。我怎么看也看不出歌颂鲁迅的意思。

漫画之功能第一位是讽刺，第二位是幽默，什么时候漫画成了讴歌的艺术手段？四九之后的漫画倒是产生了大批讴歌之作，比如大跃进中的“亩产万斤粮”漫画等。

汪子美的女儿为寻找父亲的漫画原稿和资料想尽了办法，对内追到了山西煤矿坑道，对外追到了俄罗斯博物馆，有一分线索她就使出一百分的力量。她那高昂的情绪很是感动我。我最近在外面用电脑、用克数很高的纸，复制《鲁迅奋斗画传》(25 cm × 40 cm)，非常精彩，宛如原作。每件的成本是五块钱，送给朋友，惠而不费。

鲁迅日记中的梁得所

梁得所（一九〇五年——一九三八年），广东连县人，家境贫寒，少年苦学。一九二六年十月，梁得所进入上海良友图书公司，开始了他短促而才华迸发的画报事业。梁得所第一回见公司老板、《良友》画报创始人伍联德，伍联德回去对人说，梁某这人说话也不大声，好像只会读书，看不出也能做事。梁得所在良友公司的同事马国亮也这么形容梁得所——“梁得所并没有一副使人一见倾倒的仪表。相反，他矮小瘦削，终其一生，体重未超过八十磅。举止文弱，说话也提不起嗓子。”（《良友忆旧：一个画报与一个时代》）

如果换成一个以貌取人的老板，梁得所恐怕永无出头之日，更谈不上施展他编辑大型画报的特殊才华。幸亏伍联德独具慧眼，知人善任，决然换掉大名鼎鼎的周瘦鹃，将一副《良友》画报的重担——总编辑的重任，完全信任、完全放手地交给了只有二十二岁的梁得所。梁得所不负伍老板厚望，很快就把《良友》画报改革成顺应时代潮流，在国际上也颇有影响力的大画报，马国亮对此评价说：“伍联德是中国第一个大型综合性画报的创始者，梁得所是把画报内容革新，奠定了画报地位的第一个编辑者。在中国画报史上，两人的功绩是不可磨灭的。”

梁得所在鲁迅的日记中出现过七次，具体是：一九二八年的四次——二月二十五日，三月十六日，三月二十一日，四月二十二日；一九二九年的一次——一月八日；一九三四年的两次——七月四日，七月十四日。这几则日记牵扯的是两件事：一九二八年的三则日记是一件事（四月二十二日日记事由不详），一九三四年的两则是一件事，而一九二九年一月八日日记的事由亦不详。此处先把七则日记抄在下面（只抄有关梁得所部分）。

一九二八年二月二十五日——“司徒乔，梁得所来并赠《若草》一本。”

三月十六日——“晚梁得所来摄影二并赠《良友》一本。”

三月二十一日——“晚得梁得所信并照片三枚。”

四月二十二日——“访梁得所，未遇。”

一九二九年一月八日——“梁得所来，未见。”

一九三四年七月四日——“上午得梁得所信并《小说》半月刊。”

七月十四日——“以字一小幅寄梁得所。”

因了司徒乔的引见，梁得所第一次访问鲁迅，此时梁已是《良友》画报的主编，对鲁迅的敬仰之情是有的，但是拜访鲁迅，梁得所还是另有一个编辑的职业目的——求得鲁迅的照片登在自己主编的画报上。第一次去，梁得所没忘带上自己的散文集《若草》，送给鲁迅——送书是文人接近的最巧妙方式。几乎可以肯定，在交谈中梁得所向鲁迅说出了照相的意思，这样在二十几天后（三月十六日），才有可能在鲁迅日记里有“晚梁得所来摄影二”的话。据马国亮回忆，“鲁迅素来不轻易让人刊出他的照片，当梁得所把一本近期《良友》画报递给他，并提出自己的要求时，鲁迅却风趣地翻着画报说‘这里面都是些总司令之流的名人，而我又不是名流哩！’梁得所说服了鲁迅，他不谈名人问题，他只对鲁迅说，许多读者读上他的著作，都希望能一见作者的真面目。”（《良友忆旧：一家画报与一个时代》）照片到底是拍了（拍了四张），并登在第二十五期《良友》画报（登了一张），确如马国亮说的那样，“成为最能表现鲁迅的神采和生活环境的，富有代表性的留影之一”。梁得所能够到鲁迅的住室拍照，并能够发表出来，是很难得的机遇，同样的要求，鲁迅对李应发这样说的——“至于将照相印在刊物上，自省未免太僭。”（一九二八年五月四日致李金发）

四月二十二日，也就是照片刊出的当月，鲁迅“访梁得所，未遇。”这里没说为什么访梁，只有把当天的日记看全了，才知道鲁迅的访梁——不是专访而是顺访。四月二十二日日记全文“二十二日　星期。晴。上午汪静之来，未见。午后同三弟往商务印书馆分馆。访梁得所，未遇。在小店买英译J. Bojer小说一本，泉五角，即赠方仁。”

这之后的第二年的一月八日，梁得所再次出现在鲁迅日记里。“八日　晴。上午寄石民信。收未名社所寄《影》两本，《未名》两期。收杨维铨信并诗稿。下午托广平往北新寄小峰信。梁得所来，未见。”现在，我们无法得知梁得所这次是为什么事去看鲁迅，单凭这短短的几个字不足以拼接出想象中的历史，对于鲁迅这根本没什么，可对只活了三十三岁的梁得所，每多一条资料也是珍贵的。

正当梁得所事业一帆风顺之时，一九三三年八月，他却做出了一个让所有人目瞪口呆的决定——离开良友，另谋前途。梁得所自第十三期正式接编《良友》画报，到第七十九期，历经六年六十六期。梁得所为什么辞职而去？原因诸多，马国亮又假设又叹息：“假设当时他（梁得所）不仅是个雇员，而且是个股东，并且成为决策的董事之一，他可能不会离去。良友失去了梁得所，梁得所失去了良友，双方都是损失。我今天甚至认为，如果当时梁得所没有离开良友，并且成为公司的当权人物之一，那么1938年良友一度解体的情况可能不会出现，他本人接下来不致成为悲剧人物。”

梁得所离开良友，但并没有离开最能展现他才干的画报行业，他与好友黄式匡共同创办了大众出版社（有资料说，张学良将军曾赞助梁得所一万银圆），并很快推出令良友惊恐的“回马枪”：厉害的《大众画报》。为了应对，《良友》画报采取紧急措施，将月刊改为半月刊，以便先发制人。上海滩当时的大画报已不下几十家，良友何惧之有，却单单害怕梁得所的《大众画报》。还是最了解内幕、最知梁得所才智的马国亮道出了真相——“特别是《大众画报》，它的取材与编排完全可以和创刊多年，并由他（梁得所）主编多年的《良友》画报争短长。它的出现，不同于别的画报，可以说是《良友》画报最足注意的劲敌。”除了《大众画报》，梁得所还办了四种刊物，其中《小说》半月刊最是令人炫目，开本、封面、插图、版式，无一不风骚独领，梁得所把画报的诸多元素移用到文学刊物上，是开创性的，他的编辑才能和胆量长久被忽略、被低估。《小说》半月刊的出现又迫使良友公司采取对应措施——“调用郑伯奇创办《新小说》（1935年2月），显然是为了挤垮梁得所的《小说》半月刊。”（葛飞《都市漩涡中的多重文化身份与路向——1930年代郑伯奇在上海》）。梁得所这次办刊物，还是想借助鲁迅的声望，《大众画报》没能拍摄到鲁迅的照片（马国亮说，“梁得所辞退了《良友》的职务，自办出版《大众画报》，也曾向鲁迅提出同样的要求（照相）。同是梁得所，这次却没获得鲁迅的答应。”），《小说》半月刊却求来了鲁迅的墨宝。上面说的就是一九三四年七月那两则鲁迅日记的背景。

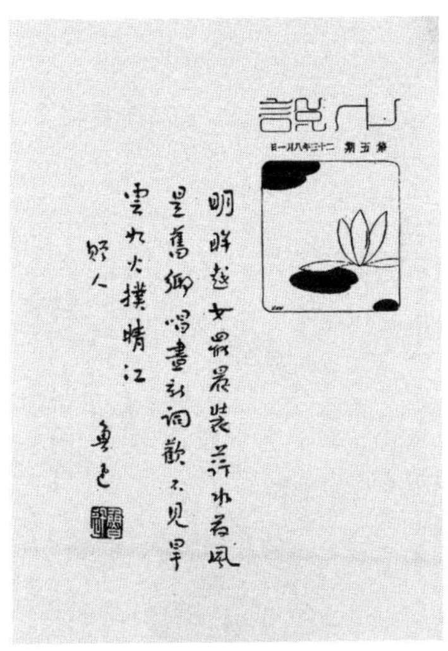

《小说》半月刊扉页是荣耀之页，鲁迅给梁得所的题字。

黄苗子绘制《小说》半月刊封面画，想象力和技法均超一流。

38

魯迅——

五十多歲的老頭兒，生產於專出「師爺」的紹興，做過化學和生物學的教書匠，出身是東京的醫學生，而如今，是文壇的權威，一個通紅的老頭子。毛鬍子永遠是這樣濃，大褂子永遠是這樣舊，走在路上你最多祗當他是個測字先生。可是文章的銳利尖刻，却是天下所有的武器所不及！雜感文以「熱風」一時代最多，小說則以「阿Q正傳」最著，爲國際所推崇，其譯本現已有英，法，俄，德諸文，文壇的第一把交椅，無論如何也是他的。

老舍——

他看見畫報上說他的「性情非常胡塗」，便覺得非常的高興。父親爲「清封晉豪大夫」，母親却「出自不名之門」。自己呢，對鏡審查，也不像是個英雄。據他母親說，生下來奶不足，常貼喫糕乾——所以到如今還有時候一陣陣的發糊塗。幼時，見別人喫糖稀燒餅就饞得慌——到如今也沒完全改掉。至於背脊明，則又急害心向半畢，沒意見！因此，他決心馬上寫書，多積點陰功，準備

周作人——京兆布衣知堂老人。

「前世出家今在家，不將袍子換袈裟。
街頭終日聽談鬼，窗下通年學畫蛇。
老去無端玩骨董，閑來隨分種胡麻，
旁人若問其中意，且到寒齋吃苦茶。
「半是儒家半釋家，光頭更不著袈裟。
中年意趣窗前草，外道生涯洞裏蛇。
徒羨低頭咬大蒜，未妨拍桌拾芝麻，
談狐說鬼尋常事，只欠工夫吃講茶。」

——苦茶庵知堂題識——

黄苗子笔下的周氏兄弟，鲁迅画得比周作人传神，要是眼睛再描大一点就好了。

《小说》半月刊于一九三四年五月创刊，前两期是月刊（刊名“小说月刊”），第三期起改半月刊（刊名改“小说半月刊”），所以一九三四年七月四日鲁迅日记——“上午得梁得所信并《小说》半月刊。”——应该是七月一日刚刚出版的第三期《小说》半月刊。第三期的扉页题字是郁达夫的诗稿《临安道上书所见》，里页有黄苗子的“作家漫像”（连载），第一个漫像就是鲁迅，这些内容鲁迅该是看到的。梁得所的信肯定是向鲁迅求字了，求没求照相呢？有可能求了，因为第三期开始每期的扉页是名家题字（有郁达夫，老舍，傅东华，柳亚子，劭洵美，丰子恺，顾颉刚等），封二是作家照相（有林语堂，章克标，孙福熙，施蛰存，叶灵凤，穆时英等）。历史是允许想象的，前提是你的想象要有硬的依据。

接到梁得所信后十天的七月十四日，鲁迅——“以字一小幅寄梁得所。”这幅字是一首绝句："明眸越女罢晨装，荇水荷风是归乡。唱尽新词欢不见，旱云如火扑晴江。”刊于《小说》半月刊第五期（一九三四年八月一日）扉页，另有“赠人　鲁迅”字并钤“鲁迅”白文印一枚。本诗原是鲁迅书赠日本友人森本清八的，是两首，写赠梁得所的只是其一。一九三三年七月二十一日鲁迅日记——“二十一日　昙。午后为森本清八君写诗一幅云：‘泰女端容弄玉筝，梁尘踊跃夜风轻。须臾响急冰弦绝，独见奔星劲有声。’又一幅云：‘明眸越女罢晨装，荇水荷风是归乡。唱尽新词欢不见，旱云如火扑晴江。’又一幅录顾恺之诗。下午雨。”

据马国亮讲，诗稿的原件由黄苗子保存（黄当时是此刊的编辑），抗战中丢失，因此，刊于《小说》半月刊的鲁迅诗的手迹，成了唯一的文本而格外珍贵起来。读到过倪墨炎文章《应尊重和珍惜鲁迅手稿的原貌》，倪文非常不满意四九后的编辑们对鲁迅手稿的作假行径，作假手法有剪贴、变异、改删，鲁迅写给梁得所的这幅字，即被删去了“赠人”两字，我们现在看到的各种版本的《鲁迅诗稿》都是缺“赠人”的，把一幅背负文坛细节的诗稿弄得很平淡——既不尊重历史、不尊重鲁迅，也不尊重梁得所。删改者忽略了,《小说》半月刊还是有人保存着，可以为历史作点小证。

吾家六十年前有一间书屋

昨夜开写这篇小文，忽然在电脑里翻出一张旧照片，遂以“吾家五十年代的书房”的名义发到微博。微博取代了博客，而如今微博又有了被微信取代的趋势。没想到这张模糊的老照片却得到了不少评论，这不是微博的力量，这是书房的力量。我想，何不在说我的“老虎尾巴”之前，先说说“吾家五十年代的书房”。

父亲一九五一年举家自上海迁到北京，从小洋楼迁到四合院。那时的四合院还是有房东的，后来我听父亲讲这个房东的历史背景，非寻常百姓也。二十世纪三十年代，这个院落住过当时北平市社会局局长；日伪时期，局长官职未变，以至于胜利后被逮。我家住西房三间，另门洞房两间，一间作厨房，一间保姆住。所谓“吾家书房”，乃西房右首那一间，面积超不过十平方米。墙壁上挂荣宝斋复制品徐悲鸿藏《八十七神仙卷》，两个书架，两个玻璃门书柜组成一面书墙，临窗一个写字台。这间书房的历史不过四五年，家里添人口要睡觉、要学习，书柜书架便分散摆在各屋了，我的记忆里没见过这面书墙。书柜“文革”中被卖了，有一个书架至今保留在我的老虎尾巴里，那个三五牌座钟也保留在我这里，座钟的玻璃裂了一道，父亲说那是往北京搬的时候打破的。《八十七神仙卷》现归我三弟保存。父亲藏书的一部分及卡片箱如今在我这，几千张做学问用的卡片也在我这。

将近四十年后，吾家书屋借“老虎尾巴”之名还了魂。

“老虎尾巴”是鲁迅在北京西三条旧居时的一间小屋，因形制特别，故得此名。这个小掌故我原以为上过学的都知道，有一回某报记者光临寒舍，名为采访，实为聊天——见了报就算采访，没见报即是聊天。聊天中我说我的这一小间搁书的小屋私底下也叫“老虎尾巴”，记者不解，我就把鲁迅的这个著名小掌故给她讲了一遍，自以为她听明白了，可是一见报，鲁迅的老虎尾巴跑到上海去了。上海是亭子间天下闻名（鲁迅没住过亭子间），满拧，我一猜这位女记者就没好好读过鲁迅，不怪她，语文考试中没考过这道选择题：“鲁迅的老虎尾巴在北京还是在上海？”

我现住的房子是三间，大房十五平方米、小房十平方米、厅十六平方米，厅的北面还有一间六平方米的小隔间，一般人家都将其与厅打通，变为一个大客厅，我却用来做书窝。平生喜欢鲁迅的“老虎尾巴”书房，敢掠先生之美。鲁迅的“老虎尾巴”窗户开在北墙，首先是采光好。鲁迅说：“北窗的光，上、下午没有什么变化，不像朝东的上午要晒太阳，朝西的下午要晒太阳。开北窗，在东壁下的桌子上下午都可以写作、阅读，不至于损害目力。”“老虎尾巴”窗外是一块小园，鲁迅《秋夜》名句道“在我的后园可以看见墙外有两株树，一株是枣树，还有一株也是枣树”，而我的“老虎尾巴”窗外正对着小区的花园，一片郁郁葱葱。

“老虎尾巴”只是说说而已，从未像别家书房起个斋号堂号，郑重其事地制块匾挂在墙上。韦力先生近来做了一件大事情，实地探访朋友的书房，不局限于北京，南京、上海、济南、苏州他也跑。年初韦力光临寒舍，聊了两小时，临走又问了一句“老谢，你的老虎尾巴真没匾呀？”

有一次父亲厉声对我讲，“你为什么用‘老虎尾巴’，这不是鲁迅的么?”看似一个玩笑的沽名钓誉，也防不住旁人认真起来。

我的老虎尾巴已有二十年的历史，几乎每年一折腾（改变格局），现在的这张图片是韦力年初拍摄的，这以后就没再折腾。为什么老折腾？还不是因为面积小，顾得了放书就顾不上写字的地方，顾上了写字还要顾上光线。这不是有扇窗户么，冬天不开窗，窗前还能放点书，夏天要开窗，书就得另找地方。空间不变，就得不断腾挪。每次折腾都以为是最佳方案，是最后一次。

这张照片只显示了老虎尾巴的一半，另一半在书格的背后，背后摞有三十个纸箱，统一大小的纸箱，纸箱里装的当然是书刊。三十个纸箱背后是一个书柜，两米宽两米高。所以说，想看看纸箱里的书是一个大工程，想看看书柜里的书简直就是“登月工程”。

《夜晚的书斋》称:“我想像中的书架，矮的一格从我腰部开始，逐渐升高到我伸出手臂用手指够得上为止。根据我的经验，书籍如果高到需要用梯子的程度，或者低到强迫读者趴在地板上才看得清楚，那就无法取得人们的注意了，不管它们的主题和优点是什么都没有用。”洋人之书房没有狭窄如“老虎尾巴”者，你看他们对书架的要求尚如此苛刻，我哪里做得到其百分之一。

我所庆幸的是，没有辜负“老虎尾巴”，在这么逼仄的空间，我写出了二十几本书，还利用私藏编了六七本书。很赞同《夜晚的书斋》里另一段话:“客人们常常问我是不是读过我的全部图书；我回答说我曾经打开过每一本书。事实上，书斋不论大小，不一定所有的书都读过才算有用。每一个读者都可以从知与无知的良性平衡中获益，从记忆与遗忘的良性平衡中获益。”

说句并非酸葡萄的话，我不羡慕那些大而无当的书房，我以为

吾家书房里的两个书架，父亲讲是一九五五年从白塔寺一家木器店花了二十五块钱买的。后来家里人口增多，书房撤了，两个书架上面架着副床板，变为双层床。一九七六年北京地震，双层床变成了防震床。不知哪一年，两个书架丢了一个，另一个被我珍藏至今。

我的“老虎尾巴”书房之外的另一处搁书的角落。

写作时把参考书聚拢一处，或许是像我这样缺乏想象力的写手的笨法子。

最近一次折腾“老虎尾巴”书窝的成果，朋友讥之为“搭积木”。

书房以十五平方米为宜，再多一间或几间也不宜搞得跟书库似的。谷林先生只有一张小书桌、一个小书架，那也阻挡不住他写出第一流的文章。有谁见过张爱玲的书房？想来是没有的，但是这妨碍张爱玲超一流作家的地位么。倒是那些楼上楼下皆书房的阔主儿，他的书房产品，令人掩鼻疾走。

再说句丧气的话，现在装修房子不是很时兴么，但是绝大多数家庭对于卫生间、对于厨房的讲究，远超一间书房的建设，或者根本没有设置书房的打算。我的意思是，书房及书房文化，仍旧是小众的话题。正因为小众，才需要精致和趣味。书房话题，少谈意义，多谈趣味。

三十年来辛苦路

谋划写作《搜书四记》一文的那几天，想想这四年（从二〇一三年至二〇一六年）真可算是“乏善可陈”，于是未战先怯，犹疑不定。这天，有位中学同学将赴加拿大定居，约几个老同学话别。这位同学的父母都是中央音乐学院的老师，得天独厚，他自幼弹一手好钢琴，水平高到在香港授课。同窗数载，这位性情高傲的同学与我只说过几句话，好像是一道几何题他做不出来，只好向我求教。去年春天，中学同学们建了个微信群，如同所有的微信群一样，时间一久，便“话不投机半句多”了，所谓“话”，实质便是“观点各异”。某天，为了个“顾顺章灭门案”抬起杠来，我的观点无人支持，只有远在香港的“钢琴师”声援我。就是这么个原因，我被邀参加“钢琴师”的话别小聚。赴约的路上，一边看着车窗外的街景，一边想着《搜书四记》如何进行，忽然，一个皆大欢喜的念头蹦了出来。

人生或可分为三个阶段，假设你能活到九十或更多，且将三十年设为一个阶段。“三十而立”乃人生第一阶段之结束，同时开启第二阶段；“六十耳顺”乃第二阶段之结束，第三阶段之开启。我人生的搜书之旅，开始于一九八六年，结束于二〇一六年，不正好是三十年么，而我亦逾花甲之年，“来日无多慎买书”，本不该再以搜书为日课了。

“搜书之旅三十年”是这么计算出来的：《搜书四记》之前，我已出版过《搜书记》（时间范围是一九八六年至二〇〇四年）、《搜书后记》（二〇〇五年至二〇〇八年）、《搜书剳记》（二〇〇九年至二〇一二年），这二十六年加上《搜书四记》的四年，约略近乎“三十功名尘与土”罢。

换句话说，《搜书记》是开始篇，《搜书四记》是结束篇。有一点须说明，《搜书四记》的写法与前三记是一致的，但它不是独立的一本书，而是作为《三十年来之搜书记》的最末一章。如果“四记”单独出书，感觉“势单力薄”，不如与前三记合围成一本大书。另一个原因是借此机会，将前三记做一番修订整合的工作，以图更好地回望一个爱书人三十年来的辛苦路。

所谓“皆大欢喜”，我是这么考虑的，《搜书记》初创，来自徐峙立的主持，那么“四记”由她主持谢幕，不作第二人想。说起来，有那么一点儿伤感，这书怎么有那么一种诀别的意味在。想起金性尧先生在《闭关录》后记里的话：“书名《闭关录》，固然也可解为闭门著书，闭门读书之意，但对我来说，也便是关门书的别称。今后零星的文章虽然还是写，但要出书，却办不到了。”这一年金性尧八十八岁，四年后去世。

提到徐峙立就不能不提止庵，那一天如果没有止庵的意见，也许压根儿就没有《搜书记》这本书了。那一天，止庵带徐峙立来，徐峙立是第一次光临寒舍，她后来写文章说，“原以为收藏旧书刊的人家一定很脏。”闲聊之中止庵翻看我的书账，书账里的一句闲话“天上飘着雪花，地上走着一个书痴”，本来是我随手写的，他却看出意趣来，命令似地说：“老谢，你就写淘书的故事吧！”徐峙立听了也赞同。定了“淘书故事”这个选题之后，有一天黄昏时分，我照例去一里地外的慈寿寺塔下散步，散着散着，“搜书记”这个书名就蹦了出来，如同“三十年来之搜书记”一样，我有几本书的名字都不是关在家里冥思苦想得来的。

回想自己三十年来如一日地买书，的确一言难尽，不知从何说起。忽然想到徐清秋《求书散记》里的“五阶段求书”，正好可以被我所用。《求书散记》刊于一九四四年上海《永安》杂志，徐清秋称：“余自弱冠后，对于书籍之爱好，有与年俱增之概，几乎视为第二生命，即在烽镝遍地之际，仍竭力以护存之。犹忆过去求书情况，颇有足述者。按余之求书范围，每随年龄思想而转移，约可别为五阶段，第一时期为小说，第二期为杂志，第三为综合性书籍，第四为专门书籍，第五为文献史料。每一阶段中，均有相当可珍之册籍获得。惜于丁丑之役，被毁大半，今所保存者，仅为劫余之物，思之有余痛焉。”忽然想到“求书”比“搜书”意味深长，口吻似乎也客气了很多。但如今改名已然来不及了。

我似乎没有如徐先生那么泾渭分明的五个阶段，如果要分的话，大概三个时期比较适合我。第一时期是一九八九年之前，第二时期是一九八九至一九九六年，第三时期最长，一九九七年至今。

第一时期没有目标清晰的“搜书”和“求书”，只能说喜欢书喜欢买书吧，更没有版本的概念，如同宇宙之初，混沌未开。第一时期，一般而言就是初级阶段，它是通向高级阶段的必经之路，绕是绕不开的，愚笨者初级阶段长些，聪慧者则短些，我属于前者，第一时期长达十数年之久。所谓“愚笨”，具体到“搜书”上就是胡乱买书，买了许多大而无当，华而不实的书籍。跟风买书，什么书时兴买什么书，也是愚笨的表现。于我而言，第一时期“愧而不悔”，那些不值一提的书籍，我一本也没有抛弃（连范曾的书也没扔），偶尔翻出它们，反而有一种温馨而惆怅的感情。没有它们，我可能会走向另外一条完全不同的路。

由于一次偶遇，我的搜书之路发生了方向性的改变，第二时期由此开始。那一年春夏之交，我由于生计的关系，获得了空前多的空闲。某天，我在琉璃厂闲逛，鬼使神差地钻进了海王邨里面曲里拐弯的一家旧书店，后来才搞清楚那是中国书店的一个分店。此店的特别之处是能够直接从“大库”里拿好书，或者读者开书单他们去大库里给你配书。“大库”位于虎坊桥十字路口西北角，那座造型像一条船的三层楼即是（此楼建于一九二〇年，俗称“船楼”，原为京华印书局所有）。这座船楼对于痴迷古旧书刊的淘书者来讲，就是一座神秘的宝藏之楼，据说公私合营以来大包大包的古旧书仍处于未开封的状态，等于时光的凝固。

这个店只有朝西的几扇窗户，窗户前还有走廊，所以屋里总是幽暗不明，至少给我的感觉是这样的。通常店里只有一两个顾客，店员永远比顾客多。我第一回进来，由于翻书的手法，还遭到老店员的呵斥："这书可经不住你这么翻！”由生客到熟客，总是要经过“做成几单生意”的磨合。一来二去，老店员知道我不是只看不买的“蹭书客”，口气温和了下来，而我明镜高悬，书商也是商人，“先敬罗衣后敬人”免不了。某天我见到柜台里放着一捆书，书顶刷着红褐色，我很好奇，便请店员拿上柜台打开来看，才知道不是书，是《万象》杂志，而且是全套的四十四本。从来没见过如此小巧可爱的杂志，我想要，可店员说是给某图书馆留的，不能卖给我，当时立刻沮丧了。我去此店的频率大约是两周三次，去一次看一眼《万象》，《万象》一直安静地在柜台里等待，很久了图书馆也没来取。大约两个月后，店里管事的老店员种金明师傅下令："卖给小谢吧！”

你没见过《万象》，或者你只见过一二零本，你体会不到《万象》之曼妙。这样的方形小杂志集中地生产于二十世纪四十年代的上海，大概有六七种吧。自《万象》落掌之后，得陇望蜀，我问种师傅能不能专门找这种小杂志给我，不久，《大众》《春秋》《茶话》陆续从大库给我找来了。那段美好的日子持续了两三年，后来姜德明先生对我讲，向大库递书单配杂志的只有两个人，一个是唐弢，另一个就是我。

海王邨蜜月期奠定了我收集民国杂志的专题（与徐清秋“第二为杂志”不谋而合），这条路一直延续到今天。海王邨之后，我所得之珍稀刊物多数还是来自中国书店其他分店，如六里桥三十九号楼、西单横二条、海淀中国书店等。

第三时期定一九九七年为开始之年，有几个只有我心里明白的道理。能公开说的有几点：一、我不再是独来独往地淘书了，结交了几个书友，一直交往到今天；二、我开始往报刊大量投稿；三、我开始预谋出书了。

如果说前两个时期是纯粹的淘书阶段，而后二十年有一个升华，有一个转变。这个转变，我称之为“以书养书”，再说得好听一点，买了这么多书，总得阅读吧，总得消化吧。“以书养书”算的是经济账，二十年来我所得稿费，差不多与购书款扯平，再说得庸俗一点，一万来册书刊近乎“免费”白来的。稿费的苦辣酸甜，是个有趣的话题，却很少有人写文章，我只见过邓云乡的《稿费沧桑》，张洁的《不再清高》。稿费不像稳定的薪水有固定的日子、固定的数额，稿费往往多少没谱、日期没谱。我记日记，记购书账，也记稿费账。我写过一段话：“除夕那几天给我寄稿费的报纸杂志出版社，我会特别地感谢，我把这些稿费视为年终奖金。”

三十年来之日记，三十年来之搜书，三十年来之辛苦，换来三十本不成器的著述。书原本是没有的，写得多了，也便成了书。三十年来之生活，三十年来一万个日夜，当然不只“搜书”一件事情，而我的存在感似乎仅系于此。想说的话很多，回首苍茫，沉郁感发，归结于一句话吧：“是到了该结束（说再见）的时候了。”

海淀镇淘书小史

一九九六年冬天从西城区的陋室搬到海淀区的陋室，竟然已经过去了二十余年。在一个地方住久了的感情犹如一棵枝繁叶茂的老树，总是能讲出许多它看见的故事来，正所谓“老树阅人多”。鲁迅在《一件小事》里写道：“我从乡下跑进城里，一转眼已经六年了。其间耳闻目睹的所谓国家大事，算起来也很不少；但在我心里，都不留什么痕迹，倘要我寻出这些事的影响来说，便只是增长了我的坏脾气——老实说，便是教我一天比一天的看不起人。”而我在海淀二十年来的痕迹，留下的也不过是淘买旧书的记忆，北京四九城的书摊书肆我大都写过了，这回来写写我与海淀镇书摊书店的故事。海淀镇是区府所在地，也是旧书店麇集之地，今已消歇星散的旧书摊当年亦环伺周遭。

一

虽然我家在海淀区，但是二十年前的交通远不如今日之便利，去海淀镇访书，我一直视之为畏途。不便利有三，其一是没有直达的公交车；其二是舍不得钱打车；其三是骑二十几里路，夏天暴晒，冬天冻个半死，再加上汽车尾气及扬尘，简直活受罪。人生永远如《茶馆》里王掌柜所云："年轻的时候有牙没花生仁，老了以后有花生仁没牙。"访书亦如人生，如今去趟海淀镇再便利不过了，地铁公交均直达，可正经八百的旧书没了踪影。

刚刚翻查了旧日记和旧书账，才想起来我没搬到海淀区之前已经来过这里淘书，那就应该从我的第一次造访写起，这样才称得上完整的"我的海淀镇淘书史"。

第一次的日子和地点均查到了，一九九二年五月十二日，周二，海淀"籍海楼"。那个时期我调到首都体育馆旁边一家私企上班，离海淀镇不算远，公交四五站地。近归近，但是所购之书较琉璃厂海王邨的档次可差远了。

五月十二日日记："小雨下个不停。下午两点奔海淀图书城，正好上午刚读了新一期《文汇读书周报》，有报道介绍海淀镇新开了一家大型书店'籍海楼'。此楼装饰豪华，一家书店套着一家书店，迷宫一般的布局。图书进出口公司和图书贸易公司都设有门市，于贸易公司购三册台湾地区的《炎黄艺术》杂志，每册6元。另外三本是《台北·国立故宫博物院珍藏书画》25元，《鲁迅照片集》和《司徒乔画集》16元。晓春电话，说我欲订的三本香港杂志订金近一千元，当然订不起了。晚上给孙道临、黄裳写信，目的是索要墨宝，能有一位回复即没白写。"

第二次是六月二十六日："下午谎称开会去了籍海楼，与进出口公司的聊了几句，订份港台刊物难于上青天。几个在楼内设门市的出版社生意清淡，我在友谊书店花五块钱买了本《林真说书》，店员称这是今天第一笔生意。看来图书中心西移论并非如此。于工人出版社购吴泰昌《艺文轶话》，吴是阿英女婿。出楼之后于旁边一店购《中国大百科全书·新闻出版》，内中出版史为方厚枢所撰。晚上盯班到十点。”方厚枢乃新中国出版史权威，十年“文革”亦未停止工作，故掌握许多重要的一手资料。我与方先生做邻居三十几年，深知他勤勤恳恳少说多做的“老黄牛”精神。

这一年的日记还有两天去籍海楼的记载，买的书实在不好意思报名了。这一年最重大的事件是设在海淀镇的中国书店门市投放了一大批质量极高的古旧书刊，却乏人问津，那时的人们对于几十块上百块钱一册书多是抵制的态度。这么说吧，姜德明先生专为这批旧书来过几趟。吾友胡桂林君分几次购买了几十册新文学绝版书（内有《红烛》等名书）。友陆昕君购得民国稀见杂志创刊号上百种，并与自校本《花随人圣盦摭忆》擦肩而过。而等到过两年我来时，这批货只剩“一折八扣”书在架子上充门面了，偶有佳本也又贵了几倍。

第二年（一九九三年）于籍海楼所得，只是区区几本新书。大宗的民国书刊所得还是得仰仗琉璃厂海王邨。所谓图书重心西移，纯粹是胡说八道。刚刚从日记本里翻出一九九三年的几张购书发票，有民国杂志《谈风》《杂志》《风雨谈》，英国杂志《笨拙》及若干港台图书，均非海淀所得。

一九九四年春，我离开了这家私企，海淀淘书史也随之告一段落，当然只是与籍海楼拜拜，一九九八年我在籍海楼买了《中国沦陷区文学大系·史料卷》，便从此再未进入此楼。

二

在我六十几年的生涯中，没有哪一年像一九九四年那样令我难受、难过与难忘，唯爱书与买书如故。这一年我却与海淀镇的另一处淘书宝地过从甚密，这就是中关村体育场内的星期跳蚤市场，私企上班时也偶尔光顾，但均是来去匆匆，好像没买过什么值得记忆的货色，只有美国《读者文摘》中文版使我开启另一样集藏，至今已集全一九七〇年至二〇〇〇年的数百期，忘不了第一次在中关村跳蚤市场见到《读者文摘》之惊喜。《读者文摘》择稿标准主要有三条“开阔视野、陶冶身心、激励精神”。从未在该刊读到过夹缠不清的文章，语言通俗流畅，文字浅显明白。奇怪的是好像只有中关村的地摊经常出现《读者文摘》，地坛体育场地摊一本也没有。再往后几年，我在潘家园地摊才再次看到《读者文摘》的身影。在多年的寻觅中，只遇到一位老者和我一样在集配《读者文摘》，同样的一个小本子配到一期就画个勾。

在中关村地摊结识了几位书友，也是我最初的书友。一位是北京图书馆期刊部的谈先生，一位是中央党校的吴立新先生，另一位就是交往至今的胡桂林君，胡君于中国画研究院供职，鉴赏力很高。谈吴两位主攻一九四九年以后的杂志创刊号，在当时也没有人笑话，全民收藏的初级阶段嘛，像马未都那样先知先觉的收藏者毕竟凤毛麟角。

书友之间是互相影响的，有那么一段时间我也热衷收集创刊号，很快就觉醒了，放弃了收集。收集创刊号其实别具意义，但是着眼点要立在一九四九年之前，我所谓的放弃就是这个意思。琉璃厂松筠阁书店主人刘殿文，民国时期同业称呼他“杂志大王”，公私合营后被聘为中国书店期刊门市部主任，撰有中国杂志史第一本目录《中国杂志知见目录》。刘殿文将杂志创刊号作为“头本”，每个品种必特为留存一本，如此说来刘殿文是收集创刊号第一人。十几年前我出了《创刊号风景》《创刊号剪影》两本书，有人指责我专收创刊号是“搞破坏”，生生把一整套杂志“砍了头”。这种指责当然是外行话了，旧书店辛辛苦苦配全一整套杂志，能够傻乎乎地让你“拆零破整”单挑创刊号买了去？若要说破坏文物之罪，倒是一九九二年和一九九四年，嘉德拍卖公司和中国书店拍卖公司，率先将民国杂志创刊号郑重其事地请进拍卖会。

我收存的几百种民国杂志创刊号现在可以说说来历，除了一部分创刊号是作为整套杂志一起买来的，大多数创刊号来自中国书店专门的“民国杂志创刊号展销会”，如今我更觉得我所得的创刊号有很大可能属于《中国杂志知见目录》的底本，那敢情再好没有了。

中关村地摊最大的收获有两笔，一笔是香港幸福出版社一九六一年出版的《中国历代名画选》，还是个编号本（0011），一千册中的第十一号。两个小伙子卖一堆杂货，其中夹着这本大画册，要价六百元，五百五十元卖给我。拿到钱后小伙子就收了摊，喜洋洋地告诉我有了这笔钱就去买放大机，看来是两个摄影爱好者。另一笔是近乎全套的二十世纪三十年代《文学》杂志，全套五十二本，我所得为四十八本，与摊主还价到四百元，那天我没带够钱，还是跟吴立新借了三百元。一九四九年之后影印了大批重要的新文学期刊，如《新月》《现代》等，不知什么原因竟然漏掉了《文学》。二十世纪二十年代最重要的新文学期刊当属《小说月报》，四十年代为《文艺复兴》，三十年代则非《文学》莫属。姜德明先生对于我买到《文学》的好运给予夸奖，并在见到巴金时说起此事——“在北京的一位青年书友，花了四百元，在地摊上买了差不多全套的《文学》。”“巴老很有兴趣地听着，并说‘那很便宜’，他还告诉我，他有全套的《文艺复兴》，《文学》大概不全了。”说到这，我与有荣焉，《文艺复兴》寒斋所存也是全套的。《文学》的全套，我在范用的书房见过一份。

逛中关村体育场地摊的日子，只有一年多。空旷的土地，无遮无挡，夏炎冬寒，秋雨春风，摆摊揾食人是非常辛苦的，与农民土里刨食，相差无多。那天去体育场地摊，铁门紧锁，上面贴有告示，跳蚤市场停办。顿时颇为失落，跟人打听摆摊的去哪儿摆了，照着他说的地方赶去，离开体育场的书摊溃不成军，不成规模，三三两两，各自为战，一点儿逛头也没有。籍海楼之后，中关村体育场书摊亦隐没入我的海淀淘书史，化为越来越模糊的记忆。

三

海淀淘书史前两个阶段均很短促，一两年的功夫便结束了，而第三阶段时断时续地维持了十几年之久，维系这种若即若离状态的是中国书店的书市。这里所说的书市并非如琉璃厂书市那样规模很大、影响很大的书市。海淀镇大约有三家中国书店的门脸，路西一家，路东两家，这是我划分的，也许这三家实为一家。很久以后我才知道，书店有经营指标，任务完不成时就向总店申请从大库划拨些古旧书刊来办个书市。有的时候门脸自己收购来一批古旧书刊，也会办个小型书市。我听一位门脸经理讲："如今收购很困难，书贩子给的价比我们高多了。这次书市的货凑了大半年功夫呢，你们冲进来十分钟好东西就抢没了。"

不管是大型还是小型书市，抢到好书的诀窍只有两个：信息和关系。信息，就是你得及时知道书市开始的时间，一般的规律是书市第一天上午好书最多。关系，说白了就是"走后门"，有熟关系的话或者让你提前一两天进去挑书，或者提前一两个小时放你进去。有一次书市，我提前半小时获"恩准"进去，却面对几十个书架慌了神，心怦怦狂跳，每个书架都是瞄一眼就走，结果倒不如正点进来的人书运好，眼瞅着一位在我瞄过的书架上从容购得初版本《今传是楼诗话》。

大型小型之外还有一种微型书市，也就是一家门脸自顾自的书市，我想写成“微店”，又怕与现在盛行的“微店”误会。微书市不像书市那么大张旗鼓地宣传，它放的货都是小众货，而且定价很辣。一九九五年我进入一家合资企业，买书钱比之前富裕了。某天书友BB机呼我，告知海淀一家中国书店上了一批民国创刊号（其实就是微书市），赶去后确实看到了一玻璃柜创刊号，均价二百元，挑了《新文化》（张竞生主编，毛边本）、《文艺画报》（叶灵凤主编）、《六艺》（穆时英主编）、《西北风》等四种，另外还买了十几本民国杂志，其中的一本《文学》正好补我之缺期，一下子把一个月的奖金花光了。一周后，“微店”经理呼我称又新上了一批创刊号，当即应邀前往，孰料价格陡涨，明摆着是宰我嘛。这两次购创刊号，都是与胡桂林君同行，他主藏线装书，对民国期刊却不外行，林语堂主编的《人间世》三十几期索价一千二百元，他买了，第二回再去标价竟涨了三倍。以后我俩再没光顾这家书店。

海淀淘书史有一段插曲值得一说，一九九七年北京市举办首届藏书状元（藏书明星户）评选活动，海淀区有两个名额，我和赵龙江君竟然被评选上了。不是我俩没有自知之明，但是几轮筛选下来还是我俩。除了在北京市府大楼举行颁奖表彰大会之外，海淀镇亦特为开了表彰会，海淀区高校林立，学者云集，真枪真刀评比起来，哪里会有我俩的份儿。

转眼来到一九九八年，此时我结交且过从甚密的书友已经有七八位了，每有书市皆相约而往，唯抢起书来便“但有君臣无父子”啦，互相谦让，没门。二月二十七日海淀中国书店办书市，我自以为有备而去，与赵龙江同行差十五分钟，于九点赶到了书店门口，孰料门店书市不像琉璃厂大书市非九点整莫入，已提前开门了，来得早的柯卫东君已抢到《蠹鱼篇》，胡桂林已抢得《尝试集》等好书。当天书店平装书卖了一万多元，线装书卖了十来万，以今天的行市而论，不够一个买主儿塞牙缝的。二月二十八日，我早早赶到书店，却没让提前进去，准点进去，书的质量大不如昨，我以一百二十元得四十册台湾《国文天地》杂志，吴立新一百元得毛边本《游仙窟》。

几个月后（六月十四日）又是胡桂林君告诉我海淀中国书店上了一点儿旧书，其实不是书市时期，门脸里也会时不时地上点儿旧书，这是中国书店与新华书店本质上的区别。六月十五日上午我到了书店，所谓旧书没有民国的，我只买了十几本研究鲁迅的小册子，其中线装大字本《鲁迅批判孔孟之道的言论摘录》是以三十元买的，多年后以九千元之价拍卖出去，大字本最火的时候，买书比买股票增值多。当天店员瞿先生给我展示《全国中文期刊联合目录》，这是我梦寐以求的书，当时竟动了借过来复印的念头。还有一册买不起的签名书（书名记不清了，叫马王堆墓什么什么），——“赠洪文同志存阅　江青一九七四年十二月十六日”。

一九九九年，我从合资企业跳到私企，一年多之后辞别私企，彻底走上“自由之路”，所谓自由，即钱少了而自由支配的时间多了，一年三百六十天，想哪天淘书就哪天淘书。这一时期，我家已搬到海淀区，但海淀仍非淘书重心，一年去个两三趟吧，一次比一次乏善可陈。十一月五日那天为取《北京晚报》“喜迁新居”征文的五百元奖金，专程去了海淀，小有波折，领钱时要求出示底稿。五百元到手后买《文献家通考》《锦灰堆》，花掉了一半。

二〇〇〇年在海淀购买的几乎全部是新书，值得一提的书，只有一九五六年鲁迅逝世二十周年纪念版《鲁迅全集》里的特殊版。这个版本比普通版装帧讲究，开本大，上书口刷蓝，高档道林纸，带书函。我追寻刷蓝版多年，终于见到，自然不肯错失，价钱是五百元，女店员姓葛，看透了我心思，一分钱也不让价。这是我收集的第五套《鲁迅全集》，却从未通读，以后见到刷蓝本零册仍不免手痒。同时所出《鲁迅日记》也有少量刷蓝本，我一直没有买到，如今购书意愿衰退，一切皆无所谓了。

越来越接近海淀淘书史的末端。二〇〇一年十二月十五日周六，赵国忠君告诉我海淀有书市，已开始了一天。日记记有“明天去吧，勿抱厚望！”十六日的情况已写入《搜书记》，此处不赘述，漏记的是“胡桂林得《塞安五记》，柯卫东得《人物品藻录》，我得了什么？十几册黄绿皮的鲁迅单行本。”中午几个书友吃炸酱面，AA制从这顿饭开始的。边吃边聊，我忽然看见远处的一桌坐着的王晓棠，赶紧过去请她签个名，当年流行一句话“男看王心刚，女看王晓棠”。我随身带有一个小本，遇到我崇拜的明星就请人家签个名，上面有张艺谋，谢添，贾秀全，李宁等。

这次书市不同以往，第三天我们几人又去了，皆存一线希望或心有不甘。没想到却各有所得，柯卫东得《草儿》，被评为最佳；赵国忠得《骨董琐记全编》；我得《清朝内廷御制印泥法》《北京繁昌记》《现代史料》（第壹集）等，都是三五十块一本。《现代史料》后以五千元转让给某革命文献收藏者，刚刚去孔夫子旧书网查了一下此书的价，好家伙，有以二万三千元成交一本的。

一晃七年过去。二〇〇八年十一月四日，周二，气温高十七度，低三度。“天气好，只是不活动待在屋里冷。上午写完《书蠹艳异录》序，八百字。晚《华北电力报》张先生来电话，他的儿子在海淀中国书店上班，称后天有书市。接着与他儿子聊了几句，似乎不太懂旧书，只说店里原来年头最早的书是一九四八年的。这次收了点旧书，价钱在三四十元之间，年代是二三十年代的，还真是不大懂。马上电话赵国忠，不论真假，后天必去一趟。”

十一月六日，周四，晴：“天气如昨，好。八点半出门打一辆黑车走四环，几年未来，面貌大变，不认得了，幸好下车就看到赵国忠和柯卫东了，告诉我胡桂林已经进去了。赶紧往里跑，其实大可不必，就十来个人，多一半认识，大亮，小白，胡同。大亮5 000元得二版毛边《呐喊》，书品上佳，老柯想要，其实我也想要。见到一些民国杂志，疑是某某某送来的货，又听说旧书是某某某的货。胡桂林280元得《小说画报》，书品甚差，暗淡无光。我与国忠索性一本不买，出去逛另外两家中国书店，货色丑极。倒是见到隆福寺中国书店的王某，老奚等调到这边来了。四个人正在门口忆往，忽然看见吴立新路过，遂一起忆往，他也上网也看报，很了解我的近况，我出的书他也买过几本，互留电话，我答应送他一本《梦影集》。中午四个人吃快餐，五菜，米饭，国忠付账140元。饭后，老柯心有不甘，又拉我返回书市，称《林屋山民送米图卷子》还未售出，等把薛经理叫来一问已卖了买家尚未取货。打车回家。”

想到这天竟是海淀镇淘书史的最后一页，而且一本书没买（来回打车花了五十二元），不妨借用张爱玲《重返边城》里的意思，也许是海淀镇的临去秋波，带点安抚的意味，我笑不出来，疑心跟此地诀别了。

始信百城难坐拥，从今先要拜钱神

三十年前涉猎民国杂志，慢慢地上瘾，如今戒也戒不掉了。为了收集的便利，期刊目录工具书该买的全买了。今天想说说另外一种期刊目录，这种目录是旧书店自己编印的，为的是出售期刊，所以全部明码标价，相当于“商品价格表”。这样的期刊目录多产生于二十世纪五六十年代，那也是民国期刊库存量的高峰时期。我手边的十几种旧书店期刊目录，大多为油印本，字体工整但绝谈不上“写刻之美”。今天，旧书店期刊目录早已失去了实用的意义，望着上面的阿拉伯数字，喊到“好便宜呀！”也不想想现在是“亿元时代”，过去是“我在马路边捡到一分钱，把它交给警察叔叔手里面”时代。

本文所指旧书店，实则为公私合营后的中国书店及其下辖各分店，如隆福寺修绠堂、西单商场旧书店、东安市场旧书店、琉璃厂松筠阁等等，这是北京的情况，在上海相当于中国书店性质的是“上海书店”。

旧书店期刊目录还要划分为两种，一种是上面说的那种，另一种为旧书店内部使用的“收购参考价”目录，如雷梦水编《解放前旧杂志价格参考资料》（中国书店，一九六三年）。我记得《参考资料》上写着“《论语》杂志零期三角，50期之前暂不收。”《论语》发行量很大，十几年前琉璃厂邃雅斋书店一块钱一本，处理过好几百本《论语》。《论语》零本不值钱，但是整套一百七十七期另当别论，《参考资料》的价格是一百二十元，而东安市场内中国书店（一九六四年）的标价是一百五十三元。二〇〇〇年我在中国书店见到一套标价一万五千元，最近上海书店出版社影印全份《论语》，定价为七千五百元，我查某旧书网好像打六折也没卖出一套。这种大部头期刊，不论是过去还是现在，其销售主力是公家而非私人。

多数期刊目录都注明“内部资料”字样，或明确说明：“本目录所列均系解放前出版期刊，有些是进步的刊物，有些刊物内容欠妥，经印时未加区分，只在研究机关，学术团体内部供应。”我那时哪里知道这些个规矩，姜德明曾说：“大约十多年前，中国书店的朋友曾经向我打听，有位姓谢的常买旧杂志，开的书单胃口不小。”（《漫话老杂志》序）最近跟姜先生聊起旧书业的衰落，他说幸亏你动手早，买了不少旧杂志，还说据他所知，除了唐弢向旧书店开过集配杂志的单子，我是第二个。姜先生的这番话，让我甚觉光荣。索性晒晒驰名琉璃厂书肆的“杂志大王”刘广振先生给我开的集配期刊的两张单子。

《大风》4册，48元

《天地人》4册，60元

《天地》3册，18元

《子曰》3册，36元

《家》4册，32元

《谈风》3册，30元

《紫罗兰》4册，48元

《半月》4册，48元

《幸福》4册，48元

《少女》2册，20元

《家庭》4册，60元

合计11部39册（期）448元

需要说明一点，有些杂志不是我开的单子里的。448元好像打了九折。

另一张集配单：

《六艺》1：1—4。4册，80元

《万象》1：1，3，4。3册，30元

《万象十日刊》2，4，5，6，7。5册，50元

《万象周刊》1册，12元

《万象十日画刊》3，4，6。3册，30元

《万象》1，3。2册，30元

《万象》1册，12元

《大侦探》9册，100元

《茶话》28册，550元

《大众》精装8册，700元

《杂志》24册，500元

共计11部88册（期），2 094元。

这里的“1：1，3，4”“1：1—4”“2，4，5，6，7”是期刊目

录术语，即“第1卷第1，3，4期”“第1卷第1至第4期”“第2，4，5，6，7期”。很显然，前两者带创刊号，《六艺》既带创刊号又是连号。

还有一张刘广振写的杂志清单：《星期画报》《京报副刊》《立言画刊》《见闻》《西风》《民间》《晨报副刊》《永安》《老实话》《人间味》《女声》《上海生活》《小世界》《宇宙》《艺术与生活》《三六九画报》，总共一百三十余册。

最后再列举一下我已购成套期刊的价格，来个新旧对比（前面的价钱是期刊目录定的，后面是我实际花的钱），并不确定是否具有可比性，玩的就是心跳，体验一把“今昔之感”吧。

《文艺复兴》（20期），48元8角，我1 200元。

《万象》（45期），62元2角，我900元。

《风雨谈》（21期），26元6角，我560元。

《天地》（21期），17元2角，我350元。

《新世纪》（4期），6元2角，我360元。

《文章》（4期），6元，我420元。

《作家》（9期），38元8角，我780元。

《大众》（32期），42元6角，我700元。

《小说月报》（45期），54元8角，我1 650元。

《茶话》（35期），42元6角，我680元。

《天下》（6期），6元2角，我280元。

《六艺》（3期），6元2角，我1 500元。

《杂志》（37期），64元2角，我3 700元。

《清明》（4期），8元2角，我780元。

《太白》(24期)，32元4角，我1 200元。

《文饭小品》(6期)，10元2角，我700元。

《逸经》(35期)，51元6角，我6 000元。

《生活》(6期)，8元2角，我320元。

《人间》(4期)，4元7角，我280元。

《南风》(2期)，6元2角，我400元。

《草书月刊》6元2角，我500元。

《语林》(5期)，8元2角，我230元。

《华北文艺》(6期)，5元2角，我100元。

《古今》(57期)，47元，我980元。

《周报》(50期)，29元4角，我900元。

《天地人》(10期)，17元2角，我2 000元。

《人间世》(42期)，37元5角，我2 500元。

《新文学》(3期)，5元2角，我320元。

《大家》(3期)，5元2角，我500元。

《春秋》(32期)，24元，我700元。

《宇宙》(5期)，7元2角，我300元。

需要说明一点，期刊目录的定价时间是一九六二,一九六三或一九六四年，而我购买的日期大致为一九八九年至二〇〇六年，谨供关心书价走势的朋友参考。

面对天翻地覆的价格之差，“余生也晚”“生不逢时”的感叹，均不如张爱玲说得好：“我没赶上看见他们，所以跟他们的关系仅只是属于彼此，一种沉默的无条件的支持，看似无用，无效，却是我最需要的。”

“始信百城难坐拥，从今先要拜钱神。”不管是过去，现在还是将来，这两句话都是爱书者的真理。

海王邨书肆的记忆

现在的淘买旧书，与过去脚踏实地的访书方式有了根本的不同。在拍卖会上使蛮力争书，于网络上隔山买牛，到底没有了天地人交融的平静与自然。所以我用“脚踏实地”这个词来与新时代划清界限，同时向旧时光投去最后的一瞥以示诀别。

私人访书史，虽渺小，也好比“一部二十四史，不知从何说起”。那就从海王村书肆说起罢，想起哪段说哪段，不顾及什么起承转合，或是记忆片段，或是书肆寻梦，终归一句话——“逝者如斯夫”。

旧书的趣味，我知道得很晚。那是北京城陷于无秩序的某年春夏，供职的单位管束也松懈了许多，让我得以找各种借口外出不归。溜号之后去得最多的便是琉璃厂。琉璃厂十字路口东北角是海王村公园，进得南门两边是两溜长廊似的房子，一间一间的，两溜房子交汇处是一座二层小楼，坐北朝南，俗称“三门”，是中国书店总部所在地。楼里有很多的古旧书，并专设“内柜”，让有头有脸者优先挑书，中国社会的特权阶层，啥时也取消不了。这权力倒不是“权倾朝野”式的势焰熏天，但是实惠终是少不得的。

据文史专家王学泰先生回忆，海王村归中国书店使用是“文革”后期的事情，“琉璃厂旧书店1972年开始营业，不过直至1979年之前都是以‘内部书店’形式卖书的。其地点在海王村，也就是前面所说‘小广场’的路北。”

“美国总统访华后，书禁大门终于开了一条小缝，爱书者和曾受惠海王村旧书店者还是应该感谢尼克松的，这就是海王村中国书店开始凭介绍信可以购买旧书的大背景。时间大约是在1972年春季。”

王学泰所说的介绍信，有两个档次，普通的“用张信纸，开个便条，盖个公章就可以了”，但只适用于西廊。要进我上面说的“三门”，则需局级以上的介绍信，像“中国科学院文学研究所”的介绍信也管用。

正规的介绍信是很讲究的，有编号，中间有虚线及骑缝公章，高级的是用钢印，虚线便于撕开，一式两份，办事的人拿一份，单位一份留底。抬头落款诸项格式都是印好的，填写时必须用什么笔也有要求。越是大单位，介绍信越正规；介绍信越正规，表示要办的事情越重要，接待人员也会因此高看你一眼，深信不疑地大开方便之门。

介绍信是中国社会的一个病瘤，它的伸缩性很大，造成权力真空。一九九三年五月七日，我骑摩托车去中国图书进出口公司买港版《金瓶梅》，这之前几天去过一趟，人家说买这书须介绍信。我回单位（至今我也不好意思说那算是啥单位）很容易地就开了一张，亮给管事的看，管事的说，“介绍信你揣起来吧，我不看了，《金瓶梅》卖给你。”当时他还说了一句：“就这介绍信你不拿出来还好，拿出来我收了，让人家笑话！”我得寸进尺，说您再卖我一套吧，真是碰到好说话的了，真的又卖给我一套（二百九十元）。

旧书业的名人雷梦水就在海王村北楼上班，我没赶上看见雷梦水。只是后来冒冒失失给老先生写了信，信没留底，无非是些仰慕的话罢。老先生回了信，送我一本他编的《台湾竹枝词》小薄册子。

雷先生住南三环洋桥马家堡，几封信我都留着呢。再后来在琉璃厂书市买到好几本小薄册子，是雷老的旧藏，每书都贴有购书发票，姜德明先生在文章中说过这是旧书业老派人的做法，“他（雷梦水）虽卖书，也自备一点心爱的书在手边。出于洁身自爱，也是为了避嫌。购来的每本书上或贴有单据，或留有购书日期、定价和单据号码。这种处世之道亦带有一点儒雅之风”。终归经历过那么多的运动，养成了事事小心的处世哲学。

三门里我几乎没买到过像样的书，这是后来的回忆，当时是因为不懂好赖书。长廊似的两溜房子也是中国书店的门脸，俗称“东廊”“西廊”。西廊原有的店名叫“邃雅斋”，好像一九四九年前就有。西廊以新书为主，门脸正对着南新华街，行人一迈腿就进了书店。门口挂着块牌子“常年收购古旧图书”，正是这块牌子暗示着中国书店与新华书店的一个重大区别。新华书店只能卖新书，而中国书店新旧书都可以卖；新华书店只能照定价卖，中国书店的古旧书的定价可以随行就市，可低可高，更多的时候是“高价”。常常看见读者拿着书问店员“这书不是定价一块二吗，你怎么卖十块啊？”，这就是不懂旧书行的外行话。

王学泰讲他在海王村碰见过的各式买书人，“我很羡慕那些刚落实政策补发工资的人们，在每天候于海王村之门的诸位之中颇有几位是口袋里有几千块钱的。”先插一句，范用在二十世纪七十年代用补发的二千元于上海旧书店狠狠买了一大批民国画报期刊，我亲眼看过上海书店开具给范用的三纸清单，全部是“弹睛落眼”之物，数量多、质量高、品种优。这批宝贝现在应该是归了上海出版博物馆。王学泰讲某“女同志花二百元买了九百本一套的进步书局的《笔记小说大观》。当时这被看作是豪举，引起许多人的羡慕”。

这套庞然大物我也在东廊看见过，时间已是九十年代初了，标价好像是八千元，看了它许多年，也没卖出去。还有一位“专买新中国成立前上海大达图书公司出版的‘一折八扣’书”，王学泰也颇不以为然，说“这些书等同垃圾，最好的去处是造纸厂”。“一折八扣”书的优势是便宜，十几块钱当时能买一百多本。我也热衷过一阵子“一折八扣”书，我只挑封面好看的、彩色的买，不求多，此时十几块钱只能买一本了。

淘买旧书必得过金钱一关。知堂老人曾说：“大约十元以内的书总还想设法收买，十元以上便是贵，十五以上则是很贵了。”王学泰曾写道：“1972到1974两年多我几乎是日日光顾海王村淘书。那时的旧书还是1965年定的价，与现在的书价比较起来不啻天壤。记得我只用了两角钱就买了一本何其芳先生的布面精装《汉园集》。后其芳先生说，抄家抄得连自己写的书都没有了，我就送给了他。北楼的一些明刻书是一元钱一本。一部残的欧阳永叔集二十五本，价二十五元。可惜那时只挣54元钱，吃饭养家外没有多少余裕，否则不知搬回多少被家人视为的‘破烂儿’。那是文化荒漠中的一片绿洲，至今思之犹感温馨。”

《红与黑》中侯爵大人训诫于连“要做个上等人，至少要有两打衬衫”。这句话转换一下意思同样也很适用于爱书者。

进东廊不如进西廊便当，你得先进海王邨大门，曲曲弯弯，才能见到东廊，东廊的门很小很隐蔽，头回来还真是“不得其门而入”呢。还有一个进口是从大门旁的安徽四宝堂里穿进去，我是去过多少回后才知道这个捷径的。东廊很僻也很暗，终日射不进来阳光，昏昏暗暗，与四壁的古旧书颜色倒是天水一色。

我的旧书刊初旅，即在东廊开展，这是永记终生的。我后来能够写作出版十几本书，还是要拜东廊所赐。感谢种金明先生耐心地一次次给我找配旧杂志，使我走上了与大多数人不一样的藏书路径。

种师傅是中国书店老员工，长期负责收购古旧书刊，这样的经历使他结识了很多文化名人，巴金就是其中一位。住在上海的巴金，每年到北京来开会，下了飞机先到中国书店，看完书以后选好，开完了会再回来付钱。巴金喜欢世界语，凡是世界语的书他都要。对于巴金买书的特点，种金明记得尤其清楚："他买的主要是外国的文学书。"种金明曾经收购到一本塞万提斯西班牙文的《堂吉诃德》，里头全是插图，这套书共有四本，他知道巴金一定会有兴趣，就给留着。果然，巴金看到后很喜欢，立即买走。

东廊架上柜内摆得全部是古旧书，线装书占八成。另有一面墙是西文书及日本书，藏书票收藏第一人吴兴文先生就是在这面墙上一本一本地翻找，找出了国人使用的第一张藏书票《关祖章藏书票》。与吴兴文一起逛东廊的秦贤次先生在这屋里狠发了一笔"新文学绝版书"的大财。我们很久以后才在一本台湾刊印的图文目录中见到了这批宝贝，秦先生好像远未到捐书的年纪就把书捐了出去，真是拿得起放得下的藏书家。陈子善教授在《我观新文学旧书市场》中说："记得二十世纪九十年代初陪同台湾学者秦贤次、吴兴文兄等到京选购新文学旧书，就在琉璃厂'海王村'流连忘返。这'海王村'到底什么性质笔者至今弄不清，大概是个人承包的。拿出来的旧书真多，令人眼花缭乱，又可从容地挑选，大宗的为秦兄所得，现在都已捐赠给台湾中央研究院了，只要读一读十六开本两大厚册的《秦贤次先生赠书目录》（2008年7月台北'中央研究院中国文史哲研究所'编印）就可明了。"

史树青说过海王村的沿革——“一九一七，在桥东新辟海王村公园。这处公园实际是一座宽敞的大院，园中东、西、南三面为书籍、古玩、字画、照相、琴室；北面为楼房，清末曾由端方设为博物馆。海王村公园成立后，这座楼房改为工商业改进会陈列所。”一九三六年《北平旅行指南》称，“至民国后，开辟马路，拆弃窑厂，后在该处建设海王村公园，叠石为山，蓄水为池，但因地址狭小，游人甚稀，不久遂亦废止。今遗址虽存，而公园之意义全失，园中北楼，现为财政局稽征所占据。”

读王冶秋《狱中琐记及其他》，里面有一段写到了海王村公园，写的是一九三〇年八月一日的学生游行——“出了师大校门，就向南往厂甸的方向走了，高呼着口号，打了附近路西的一个国民党区分部的牌子，又朝前走。前面有一个同志骑着车子散传单，路上市民纷纷接传单看，正走到海王村公园的西门外，听见里面‘哨子’一响，南门，西门就跑出一大群穿着白小褂裤，扣子那里有一根红头绳作标记的彪形大汉，光头，肉胖子，像一群出了笼的豺狼，扑过来，把队伍冲散，然后两三个人对付我们一个，拳打脚踢，在一阵混战之后，几乎把我们所有的人（约七八十人左右）都逮捕了”。今后若有“海王村公园小志”这类书，应添上这段旧闻。

姜德明先生出示过一帧《北京厂甸春节会调查与研究》书影，“书的封面绘有琉璃厂海王村的正面图景”，此书出版于一九二二年，离公园开园不过五年的光景，所以海王村最初的面目应去之不远。大门上书额“海王村”，带轨道的铁栅栏门两向分开，门里可见花坛。大门左首的墙上挂有“铸新照相馆”的招牌；右首挂有“古玩处”的椭圆形招牌，挨着的是“傅三书画像处”。七八十年光景，海王邨里里外外大变身多少回也许数不清了。

最大的变身是在二十世纪九十年代初，由于每年春秋两季的古旧书市，涌进来的读者太多，院子里人满为患，所以海王邨在院里扩盖了二层平台，等于是增加了一倍的面积。平台是露天的，从东门进来几步，修了一条坡道，上去就是平台。平台只在书市期间使用，为了遮风挡雨，书摊搭建临时的遮阳棚。所谓书摊不是现在习见的招商式书摊，摆摊的都是中国书店散布四城的门店，如前门店、海淀店、灯市口店、隆福寺店。每个店的货色也不尽相同，最好的当然是虎坊桥中国书店总店库房拿出来的古旧书了。资深的淘书者冲进书市后，会直奔总店库房摊位，这里抢到好书的概率十倍于普通门店。事情并不尽然。某次书市，得以恩准提前几十分钟进入书市，一时眼花缭乱，哪个摊位都是扫一眼就走，根本沉不下心一架一架细细瞅瞅。有位运气好的半熟脸书友拿着《今传是楼诗话》原版书走过来，我问他哪个摊买的，他指给我看是前门店的摊位。我刚才也扫过的，如果心静一些，这本罕见的书本应是我的。

书市已停办多年，今日之海王邨，冰清鬼冷（周肇祥语），不特非民国全盛时比，即前八九年的气象亦风消云散。业内外的一致看法：货源枯竭矣。

呼和浩特藏书家王树田是海王村书市的常客，写有《海王村里赶书市》，记录书市的景象和他的收获。还是听听他描述的吧，“作为书市常客的我，最使我怀念的，还是九十年代前期中国书店的古籍书市。该书市位于琉璃厂海王村大院内，楼上楼下两层，规模大，品种多，几乎全是平日见不到的库存书。除了大量的线装书外，民国新文学、旧期刊、老报纸、外文书等五花八门，应有尽有。更吸引人的是书价较低，充分考虑到爱书人的承受能力。尤其是线装残书，每册只收一元，而内中多有明版、殿版、精刻本、版画等等，虽则不全，但买下来留待后配或存个书样总是好的。于是乎，书友们闻风而至，不肯错过这绝好的机会。”

下面这段王树田描述的场景，资深的淘书客应该看着眼熟——“一九九四之秋艳阳高照的一天，我早早赶到书市，大门尚未开启，门外已挤满了人，南北口音相互夹杂，噪声不绝于耳。还有人是专门乘飞机赶来的，还提着行李，可见书市魅力之大。人们求书心切，书市却迟迟不开，便有人鼓噪撞门，也有人不知从哪儿找来店员穿的蓝大褂，冒充内部人往里混。”

“书市终于开门了！人们全都不顾一切地往里冲，有被挤倒的，有掉了鞋子的，连老外也呼喊着冲在前面，那情形，现在想起来还惊魂夺魄。守摊的店员虽已有准备，还是被这汹涌的人潮冲得乱了手脚，只有躲闪的份了。其实，抢书者大多是奔那一元一册的残书去的，一捆书还未打开来，便会有七八双手同时去抓抢，不管什么书，抓到多少算多少，然后再到一边去细挑。我身单力薄不能与其竞力，只能拣拾人家弃掉的书，居然也捡了一摞，其中居然还有四本一套是全的，赶紧付款走人。”这里夹抄一段我一九九二年四月十八日的日记，“礼拜六　晴。八点半出发上琉璃厂书市。昨晚把行程表拟好，够宏伟的，实现恐困难。先骑到三味书屋，没到点呢，接着在六部口邮局买邮票，总是到了就能买到。骑到琉璃厂海王村大院，现在各门市都独立核算了，各顾各，态度也好了许多。买了《陶都精华》，26元。看中了顾景舟主编香港印制的《紫砂珍赏》，相比之下，国内印的几本逊色多了。上平台，地下扔着一大堆残缺的线装书一大堆人围着在争抢，我没参加战斗。”我不懂古书，要是懂的话，也就加入战斗了。

买书者当年皆少“复本意识”，今日皆齐声喊悔。王树田讲，“我见到民国年间著名藏书家、刻书家吴昌绶精刻初印的《墨表》一书，为红印本，一本即是完整的，当时居然有一摞数十本！而我，不想要复本，只选了一本封面有墨跋的，是吴氏持赠原藏者京城名医萧龙友的。后京城大藏家孟先生愿高价求购此书而被我婉拒。我当时购买此书只花去七元钱，早知如此，我当时把那一摞都包圆儿了多好！此乃后话，不提也罢。”

二〇〇六年春季的书市，是最后一次书市。我的日记记下了那一天，“四月一日 周六。乘六〇九路转地铁奔书市。到了已开市，心不急也。全部是四十元一本的民国杂志，旧书及线装书全没戏。挑了五本杂志，再无可买者，他们也如是。中午吃锅贴，吃完又与柯胡返回书市，没添新货。”我于海王村书市最后买的几本书是：

东京梦华录　古典文学出版社一九五七年一版二印　一百五十九元

青年人　二卷七期　成都出版　四十元

汗血周刊　四册　一百六十元

书很普通，值得一说的是，《汗血周刊》内有张瑞芳的集体照相，那是张瑞芳演艺生涯的青春岁月。张瑞芳曾于北平国立艺专就读美术系，艺专旧址即今民族饭店。我的旧居离民族饭店很近，小学六年及以后的岁月，我曾几千次地走过艺专遗址。

插说一段海王村大门外的食摊。琉璃厂东西两街都是一望到底，几乎没有像样的树遮挡视线，更没有与百年老店相配的百年老树。唯有一处有棵大树，那就是海王村门前，这里是琉璃厂最宽敞的一块空地。

大树下常年有一辆平板车改装的食车，车上有十来个盆装着荤菜素菜，主食是米饭，一份五元。你可以挑一样荤菜二三样素菜，反正“碗大勺有准”，盒饭大家都吃过吧，半盒米饭之后就没有多少余地盛菜了。荤菜有红烧肉，里面有卤鸡蛋，我最爱吃。红烧鱼也常有，我好像没要过。当街吃饭已非雅人雅事，你再一边吃一边吐刺，像什么文化人样子。一开始只是一对小夫妻在这里卖盒饭，生意很好，小夫妻是本地人，男恩女爱地做着小买卖。不久竞争者出现了，离小夫妻十多米的地方出现了同样的一辆食车，出卖的饭菜也差不多。小夫妻紧张了，一边卖饭一边往那边偷偷地瞄一眼。

现在大树下早已没有了卖盒饭的平板车，我也从一个人逛海王村改为成帮结伙，吃饭的地方也改为“老许记面馆”了，人均消费更不可能回到五元时代了。

Ade，我的卤鸡蛋盒饭！Ade，我的独行侠访书！

我与琉璃厂松筠阁“杂志大王”的一点儿交往

二〇一六年二月十六日收到中国书店海王村拍卖公司的图录，我已经许多年不在拍场上买东西，可还是经常收到赠送的图录，心里头是感谢人家的。不买东西，所以图录到手只是大略翻翻，这一翻不禁一惊，第一页一行黑体大字“琉璃厂的‘杂志大王’”！上面一张“刘广振先生工作照”，我看了之后，往事如烟似梦，刘广振先生，我终于亲见到您啦。本场拍卖一至八十一号拍品为刘广振旧藏，所以特于卷首推举。

我的第一本书《漫话老杂志》，第一篇就是《北京琉璃厂的“杂志大王”》，内中写道，“几年来，我通过‘杂志大王’之手买过不少民国老杂志，却从未见过老先生一面，心中总觉得欠了人情。有一天，我终于找了个借口，进到了戒备森严的中国书店总店书库，到了二楼，人家拦着不让再往里走了，我解释说，就是为了看一眼刘广振老先生，那位工作人员指着一间堆满书刊的屋子里的一位埋头书案的老者说：‘那就是刘广振’，老者年逾古稀，满头银发，伏案理书。我隔着玻璃窗望着老先生的侧影，没有打招呼，我只不过是无数买书人中的一个罢了，心中满怀谢枕。”那时候我已经知道刘广振先生去世了，所以接着写道，“几代‘杂志大王’的故事结尾了，每当夜深人静，拿出心爱的老杂志翻阅，随意地读上几段，想到它们是如何得来

劉廣振先生工作照

琉璃廠的“雜志大王”

刘广振是刘氏“杂志大王”第三代传人，业务知识精湛。刘广振之后，这门技艺今已失传。

的，眼前总会浮现第一次也是最后一次见到老人的情景。”

必也正名乎。说来“大王”的称呼并不恰当，总给人以啸聚山林的匪盗气味，却能使人留下强烈印象，也只好由着口口相传吧。曾见到一份一九六一年北京市手工业管理局关于《琉璃厂文化街调整恢复方案（草案）》的文件，其中第一部分第三条是这样写的：“恢复松筠阁（经营杂志）的销售业务（过去专营收购），并将后边库房改为内柜（以上已办）；扩充内柜，把旧杂志都陈列出来，发挥其‘杂志专家’的特点（需增拨用房）。”正式文件的称谓“杂志专家”，实质即“杂志大王”，可见约定俗成的力量。我跟姜德明先生讲到这份文件，他说恢复琉璃厂老字号的经营特色，是邓拓的建议。如今我们看到，松筠阁匾额的题写者正是邓拓。

“杂志大王”声名鹊起，并非始自今天，那要追溯到遥远的三十年代。松筠阁开设于光绪年间（最早的题匾额者失考），孙殿起《琉璃厂书肆三记》内记：“松筠阁，刘际唐，字盛虞，衡水县人，于光绪二十几年开设，在地藏庵内。民国元年，迁徙琉璃厂路南槐荫山房，经营数年，民国六年，又迁移南新华街路东。十五年在廊房头条第一楼内开设集文阁分号数年，二十六年又迁徙迤南路西。近盛虞子殿文继其业。”于此可知，松筠阁那时的店址并不在如今琉璃厂东街路南的位置。刘殿文继承父业（刘际唐于一九四二年病逝），却正赶上北平沦陷，生意惨淡。无奈之下，只得另辟蹊径，专门经营起古旧期刊来，居然做得有声有色，“独此一家，别无分号”，书肆同行便送给刘殿文一个“杂志大王”的雅号。公私合营之后，松筠阁并入中国书店，刘殿文任期刊门市部主任，刘殿文编撰有中国第一本杂志目录《中国杂志知见目录》，每周一次，在店内讲授杂志的目录学。松筠阁也继续以经营期刊为主业。一九六三年十月二十七日的《北京晚报》曾有报道松筠阁的专题文章《万种杂志任君选配》。余生也晚，六十年代初还是个小学生，距离松筠阁最近的地方，只到过春节的厂甸。未能亲睹松筠阁环壁皆期刊的鼎盛景象，连一张照片也未见过，一直是我的遗憾。

至于刘殿文的年纪，二十世纪六十年代初，藏书家唐弢《书林即事》里写过，“松筠阁专营期刊，曾有‘杂志大王’之称的刘殿文老人，年逾七十，现在是中国书店期刊门市部主任。”七十多岁，仍然在工作岗位。其时，已后继有人，唐弢接着写，“后起的有王中和，刘广振等，王中和新旧版本，都有素养；刘广振是刘殿文老人的儿子，记忆力强，对期刊知道的较多。”我知道刘广振的时候，老先生也该“年逾七十”了吧。

我在《海王邨书肆的记忆》里写道，“我的旧书刊初旅，即在东廊展开，这是永记终生的。我后来能够写作出版十几本书，还是要拜东廊所赐。感谢种金明先生耐心地一次次给我集配旧杂志，使我走上了与大多数爱书人不一样的藏书路径。”海王邨的北面主楼是中国书店总店，西廊是中国书店下辖的邃雅斋书店，东廊也隶属中国书店，但是“很僻也很暗，终日射不进多少阳光，昏昏暗暗，与四壁的古旧书颜色倒是水天一色，终年在这里的店员，好像现代人发配到了荒寺野庙”，这是我保留至今的印象。

三十年前一个悠闲的下午，我走进了东廊，毫无目的地在书架上翻书，有位上了岁数的店员用疑惑的眼光瞄着我。

东廊书架陈列的古书，我是不翻的，几排旧书也没有入眼的货色，多是些不古不今的书，直到我看到柜台里一小捆民国出版的《万象》杂志那一刻，才决定了要走的路。店员告诉我《万象》订出去了，买家还没来取货。从那以后，我去一次就看一眼《万象》，三番五次之后，种师傅说："卖给小谢吧，这么长时间某某也不来取，大概是不要了。"任何商品交易，都是人与人之间的交际，旧书买卖更是离不开交际能力，而这恰恰是我的弱项。很久之后，我才知道种师傅是管事的（好像是科级），我想找什么杂志，门市没有的，种师傅就拿着我开的书单去大库里找配，而大库那边为我配杂志的正是第二代"杂志大王"刘广振，所谓交往，就是这么点儿关系。有年夏天，我想给刘广振送个西瓜表示一点儿谢意，到底还是没送，猛不丁拎个西瓜去，自忖冒失。

藏书家姜德明曾说："大约十多年前，中国书店的朋友曾经向我打听，有位姓谢的常买旧杂志，开的书单胃口不小。"最近跟姜先生聊起旧书业的衰落，他说幸亏你动手早，买了不少旧杂志，还说据他所知，除了唐弢开过集配杂志的单子，我是第二个。姜先生的这番话，让我小小得意了一番。至今手边仍旧留有刘广振手迹的单子，不经意间，岁月却流失了八千个日夜。

有张单子里有好几种叫"万象"的刊物，我不是喜欢《万象》么，所以请种师傅将凡是"万象"名字的杂志每样来几本，居然找来这么多，也可见我当时漫无边际的搜刊方法。《茶话》（三十五期全）和《杂志》（三十七期全），当时是有缺期的，后来我自己通过别的途径居然给配全了。

还有一张刘广振写的杂志清单，不写价钱了，把刊名列一下吧：《星期画报》《京报副刊》《立言画刊》《见闻》《西风》《民间》《晨报副刊》《永安》《老实话》《人间味》《女声》《上海生活》《小世界》《宇宙》《艺术生活》《三六九画报》，总共一百三十余册。这样"想要什么有什么"的黄金日子，维持了两年多的光景，书单十几笔吧，好日子永远是短促即逝。

刘广振手下有个高徒，姓韩，杂志业务精熟，年轻，写得一手娟秀的钢笔字。刘广振之后，韩先生帮了我不少忙，但是“杂志大王”之美誉，到刘广振为止了。

最后回到本场拍卖刘广振旧藏杂志来，在我的印象中，中国书店老店员旧藏书刊成批量的公开拍卖，这回似乎是第一回。这里面牵扯到一个敏感问题，我打这么个比方吧，过去有个不成文的规定，邮电部的高级官员是不准集邮的，通俗点讲，即“近水楼台不准先得月”。雷梦水是旧书业大名人，姜德明先生曾经写到“他（雷梦水）虽卖书，也自备一点心爱的书在手边。出于洁身自爱，也是为了避嫌。购来的每本书上或贴有单据，或留有购书日期，定价和单据号码”。我跟了一句，终归经历过那么多的运动，养成了“瓜田不纳履，李下不整冠”的处世哲学。

这八十一件杂志，没有一件是我特别想要，或能补我之缺的，可见杂志世界品种之繁复、类型之多样，每个人都能凭着兴趣各求所爱。这些杂志有五件流标（没拍出去），拍价最高的一件是《国学季刊》抽印本《北平方音析数表》，著者刘復（刘半农）签赠本，拍了二万五千三百元，书只值三百元，“刘復”值二万五千元；同样的二十七册《国学季刊》（一至七卷）只拍了一万零九百二十五元，证明名家手迹的威猛。另一件签赠本（一九四七年《五月》杂志“沙鸥兄收存　弟丁力敬赠　卅七，八，廿”）由于“丁力”名头小，只拍到一千零三十五元。受赠者沙鸥（一九二二年—一九九四年）是很有名的诗人，我求证止庵先生，这是你父亲的《五月》吗？他说是，“文革”中抄家抄走的。抄家抄走的，没有焚烧掉，却流失到刘广振手里，进而堂而皇之地拍卖，我知道原书主，也知道后书主，真是有意思。

刘广振似乎另有集邮的雅好，八十一件藏品中竟有十四种邮票杂志，专场没有一件藏品称得上是顶级之物，同样，十四种邮刊里也没出现像《邮乘》这样的顶级刊物。我也曾经痴迷邮票（后为筹资购买杂志大部分卖掉了），也曾经尽心搜集过邮刊。刘广振卖旧杂志，我买旧杂志；刘广振喜好集邮，我亦喜好集邮，这或许要算我与“杂志大王”的共同爱好，或者说是一种缘分。

古城书价

居京半个多世纪，买旧书二十多年，最敏感的当然是书价，其实旧书价一直就没便宜过，我该算四九后第四拨买旧书的人（第一拨是二十世纪五六十年代，第二拨是七十年代，第三拨是八十年代）只要你是靠薪水买书的，那你永远会感觉旧书是贵的，是在涨价的。我有一个简易比较法——书价与收入之比，八十年代那十年的月收入是几十元到二三百元，取平均数月收入一百五十元吧，一本像样点的旧书十几块，占你的收入的十分之一，多买几本就可能影响生活了；九十年代的收入差距拉得比八十年代大得多了，三百元到二千元，我这里说的都是一般人家的月收入，喜欢买旧书的人里一般阶层者居多数，而此时的旧书价几百元、几千元一册已是寻常事耳，一本书用光一月之收入亦非鲜见；二十一世纪以来的几年，书价已不能以月收入来衡量了，月薪之外的收入也已今非昔比，过去是活钱少、余钱少，现在你一月买一千元的书，在别人眼里不算少了吧，但你手里还会有足够保证生活的钱，不至于寅吃卯粮，这就是我们一直以来纳闷的为什么书价这么高了还有人买得起的原因之一，水涨船高，没有什么可大抱怨的，何况，书价不是物价，书不是每日三餐，书是可买可不买的。本人曾写过一小文《不是书价高，是你收入低》，即是无奈的自嘲，说是清醒的自我定位也成。

旧书货源日渐枯竭是书价上涨的必然之路，这是任何商品都存在的“物稀为贵”的本性，是人所共知的道理，只不过旧书的商品属性从未像今天这么显明。此外，还有两个大原因促成书价一路走高，一个是藏书人群的迅猛发展，版本知识的普遍提高，旧书价原来只是传统的品种涨，时至今日，不论新旧，不论古今，是书就有人群收集就有人肯出钱，普涨，普涨，几无死角。听也没听说过的八十年代出版的“网格本”外国名著小说，能卖到几百元上千元，你不理解就说明你跟不上时代了。十七年经典小说的收集，已蔚然成风，《山乡巨变》精装护封本卖到一千元，“三红一创，青山保林”的早期版本，品相好的，出价凶猛的大有人在，本人渐渐招架不住也。五十年代商务印书馆再印本《石头记》，两册精装，书品完美，卖到了近一万元。四大古典名著的五六十年代版本，被爱好者热追，卖相好的本子，卖主都用透明袋呵护，只要看到书是被透明袋包着的，这价就低不了，讨价还价的余地几无。别看连环画小人书地位低，价钱可高得眩目，几千几万元一本（套）太普遍了，跟小人书相比，以小人书的价位作参数，我们以为高不可攀的旧书价实在是小巫、小小巫，热衷收集新文学旧版书的人群不能说少吧，可是单册单价卖到一万元以上的并不多见（签名本另当他论），也许是身价够万元级的作家本来就少吧。

还有一个原因是旧书拍卖业的出现，拍卖为高书价再往高攀搭建了一个更高的平台，从而也造就了畸形价的大温床，资本逞豪的大舞台，火上浇油，一发而不可收。以往我们旧书的来源不外旧书店、旧书摊、书市这几个管道，如今多了现场拍卖和网络拍卖。拍卖的出现是好事也是坏事，有些人如鱼得水，长袖善舞，大得拍卖之利；有的人视拍卖为洪水猛兽，过去闲庭信步优哉游哉的淘书情致再不可得，为一本书而赤膊上阵与人争嘴，他们拉不下脸来。我是折中派，原来买得起的，有了拍卖反而买不起了；原来买不起的，有了拍卖就更买不起了。但是我一直关注拍卖，拍卖场上还是可以花不多的钱买到很不错的东西，当然这是拍卖初兴时期的事，现在不成了，质次价高，出到过去几倍的钱只能买到很一般的货色，那又何必呢。拍卖的好处是可以近距离看到许多平日难得一见的版本书，是很好的学习机会，错过不免可惜。价位超高，收入跟不上，依然喜欢书，这倒好办了，“不见可欲，其心不乱”，根本买不起和差一点就买得起，不会是一个心态的，前者“哀莫大于心死”，想都甭想，倒踏实了；比较不好处理的是后者——买得起与买不起之间，局外人哪里知道爱书人面对书时“买与不买”的种种思想斗争，有如哈姆雷特说的，“活，还是不活，这是个问题”。

中国旧书上的眉批

买到旧书之后，随手写几句感想在书的空白处，对这么件小事，钱锺书先生却有高论："但是，世界上还有一种人。他们觉得看书的目的，并不是为了写批评或介绍。他们有一种业余消遣者的随便和从容，他们不慌不忙地浏览，每到有什么意见，他们随手在书边的空白上注几个字，写一个问号或感叹号，像中国旧书上的眉批，外国书里的marginalia。这种零星随感并非他们对于整部书的结论。"(《写在人生边上》序）下面即是我最近的零星随感。

《漫画漫话》（一九三七年）与《译文》（一九三五年）

这几年的三月，中国书店报刊门市，都要举办旧期刊旧画报及老报纸的展卖，好像已成为一年一度庙会那样必办的事情了。我自己于横二条门市所获老版杂志，没做过细致的统计，但可以这么讲，如自鄙藏中剔除横二条所得之部分，那么剩下的货色就失去了大部分的光彩，于此诸般不宜，真是不能少算了此店。去年此店换了经理，价格亦翻了一番不止，且不给熟客打折了，近乎讨饭口吻，至多抹个零头，本已丧失殆尽之自尊，亦只剩了零头。这回展卖，赵兄先于晚报知晓，并及时通告我不妨先去一步。至今我已去了三趟，第一趟尚未正式，只得一册《漫画漫话》；第二趟花大银得大收获，暂且不表；第三趟人烟灭绝，只我一人，于架上得《译文》合订本，此书早先即在架上，无暇顾及，今遍翻上下里外无所得，聊取此书是以不虚此行也。归后修整，以旧纸重装，样子尚说得过去就不必兴师动众了。

《林海雪原》 一九五八年 作家出版社

《林海雪原》是我少年时代最爱读，也是读得最细的一本小说，从头到尾都读了，几乎每个细节都记忆至今。贫困的少年时代再已不回来了，我现在的年龄四倍于年少时耳，真是可怕之极，真是不堪回首，那又能怎么样，日子还得一天一天地过下去，直到永久黑暗的尽头。我记不得当年是从谁的手里借来这本小说读的，是先看的小人书还是直接读的原著，无从忆起，更记不得看的是哪一版的《林海雪原》，封面是什么样，一切都渺无线索。直到有一天，在潘家园旧书摊，老柯得到一册老版《林海雪原》，竟然还是带插图的，我才如梦方醒——这书找起来远非易事。更早一些时候，我在隆福寺修绠堂一块钱买了一本很破的，感觉就是这事先起个头。接下来又得了几本——当然必须是老版的了。近来又得知这书除了已有的两种封面以外，还有一种灰茫茫、画得很满的封面，三种比较，灰而满这种最有味道——它将林海的莽苍感置于雪原的广袤感之上，尤获我心。另外两种，一种突出雪原，另一种持平均主义最不好看。待我诚心称意寻找这第三种封面时，它好像消失了，它是初版本的封面，可是老柯说插图本不在初版里，是在一个小三十二开本里，它藏得很隐蔽，只有在此书外文版里能看到。前向终于得此书初版本，封面就是我想要的，可惜书品有点问题，另装了个硬壳，书面少了垂直的一厘米的边，书脊也看不到。先有了再说，以此为起点，插图本会找到的，比这本书品好的也会找到的，但愿这一天不要来得太迟，谢谢。

《文抄》 金性尧著 一九四四年北平新民印书馆

此册小书来历颇曲折也，先前求诸作者，称劫后片甲不留也。后于厂肆书市见龙江兄淘得一本，当时我们都热衷搜罗这类旧书，谁得一本，别人也都会想得一本，书友间攀比，人之常情也。此后很久未见此书露面，作者的另一本书《风土小记》却几乎人手一册了。前年旧书市见艾俊川友得此书，无封面无版权页，价五十元，艾问我如何，我说可买，他说听谢老师的就买了。今春在拍卖会又见到艾，随口提到此书，他说送给你吧。不好意思白要人家东西，遂回送以董桥《白描》精装本，书既到手，装补尤劣，殊难入藏，今日于作坊装订《宇宙风》时顺便请工人切齐三边，稍可入目也。今晚散步突有一想法，请中国书店吕志强写个《文抄》书名，用毛笔字，他的工楷我认可。《文抄》赶上缺纸的年代，字迹印得浑不清楚，知堂老人的书多有，与此同时期者却没这么差的，穷境亦因人而异也。

青春的阅读

二十世纪七十年代初，为了寻找出路，我投奔在青海的父亲，在那里待了两年。青海的记忆很像一首唐诗："走马西来欲到天，辞家见月两回圆。今夜不知何处宿，平沙万里绝人烟。"有一年的光景，我干的活是修路，准确地说是开路——在没有路的荒野中辟出路来。青海的风很大很硬，夜风把帐篷吹倒了，我们也懒得再搭起来，索性把帐篷当作另一床被子，天亮了再说。青海的空气很干燥，缺蔬菜，没水果，嘴唇没几天就裂开了口子，感到很委屈。七十年代是没有文化的，青海最缺的还是文化，朝鲜电影《卖花姑娘》令全国人民哭声动地哀。我在青海读了两本书，一本是《虹南作战史》，一本是《红与黑》，当然不止这两本，但记得深的是这两本。二〇〇五年五月二十八日，我在新购《虹南作战史》扉页上写了一段话："今日购此书于潘家园旧书摊，同游书友皆嘲笑吾档次低，他们哪里知道这本书三十年前曾经帮我排遣夜晚的孤寂。回家后翻查旧日记，在第五册日记中查到一九七三年八月三十日所记：'这两天把那一段路干完又前进了五十公尺，开始觉得累了。《虹南作战史》还算有点意思。'就这样的两行字，谁解其中味。青海岁月我没人可说。如果用颜色来形容青海的日子，不是红色也不是黑色那也不是黄，是一种灰白，苍茫高远的色调，吞食了我两年的青春，那只天边的雏鹰，三十年后再也厌倦了飞，该着地了，偏居一隅，以终残生。”

找回少年的阅读记忆，《虹南作战史》只是其中的一个，此书初版于一九七二年二月，上海人民出版社出的，作者是“上海县《虹南作战史》写作组”，那个时代突出集体智慧，反对突出个人。这书还有几幅插图，竟是彩图，凡引毛主席语录，一律变黑体字。买书买多了，难免有买重的时候，像《虹南作战史》亦未能幸免。刚才发现，其实我在二〇〇三年二月二十三日已买了一本，扉页有当天的一段话：“不可思议三十年前是如何一页一页读完此书的，后人无论如何诠释历史都无法真实地还原历史，那仅是一个念头，一瞬即逝，捕捉不到。青海岁月，帐篷里读这书，帐外呼呼的荒原之风，每个夜晚做完工，将歇时分，这书成了每天的盼头。今日以6元钱购自报国寺书摊，用来纪念三十年前的青海。”报国寺得的这本比潘家园那本品相整洁得多，开本和厚薄与一九八〇年版的《晦庵书话》像一个模子做出来的。我们这帮淘书客管潘家园叫“老潘”，管报国寺叫“老报”。自从国营的旧书店自甘堕落之后，这两个地方的私人旧书摊便成为我们的乐园，我的十七年专题大多得益于这两个地方，老潘比老报得的多。

有一位叫沙林的作者最近提到了《虹南作战史》，他是这么说的：“过去的书很好，是因为你一看就知道好或不好。早读的书里，有一本是‘文革’期间上海县集体创作的《虹南作战史》，写贫下中农跟地主阶级斗争走合作化之路的，据说是‘文革’中第一部无产阶级的长篇小说。枯燥无味，所有的情节人物都是按照阶级斗争的说法流水制造拼接出来的。这样的书一看就知道不好，没有迷惑性。”（《春潮——我的早期阅读史》）我远不如沙林同志，没有能力“一看就知道不好”，我只知道当年有书看就不错了，而且我也不想事过境迁地用今日之观点批判昨日之选择。

二十世纪八十年代，个人与时代，均喘息稍定，我开始搜罗一九六六年以前出版的经典长篇小说，范围限定在我少年时代读过的。这里有一个形象的概括，好像最初是中国青年出版社内部传出来的——“三红一创，青山保林”。“三红一创”即《红岩》《红日》《红旗谱》《创业史》;“青山保林”即《青春之歌》《山乡巨变》《保卫延安》《林海雪原》。除了这顺口溜的八部经典小说，我自编了“三花一铁，新敌艳野”。“三花一铁”即《苦菜花》《迎春花》《朝阳花》《铁道游击队》;“新敌艳野”即《新儿女英雄传》《敌后武工队》《艳阳天》《野火春风斗古城》。所谓经典小说，题材基本三大类：打仗的，革命的，农村的。除了上述这十几本，另有《上海的早晨》《小城春秋》《三家巷》《苦斗》《烈火金刚》(“二火”之一，另一“火”是蒙古族作家乌兰巴干著的《草原烽火》)、《李自成》《桥龙飙》《晋阳秋》等书。当年有“三部曲”雄心的作家很有一批的，可惜最终真正实现雄心的没几个，实现了的也是跨越了十年浩劫后实现的，实现得很勉强——前强后弱。如《红旗谱》的第二部叫《播火记》;《艳阳天》的下部是《金光大道》;《创业史》预告的是四部，可我只看到了“互助组阶段”的第一部。欧阳山的“一代风流”是多部头的长篇小说，一九六六年前出了第一卷《三家巷》和第二卷《苦斗》。在第一卷预告了以后的几卷是“苦斗”“庄严与无耻”“到延安去”“大地回春”。第二卷《苦斗》如期出版了，一九六六年以后出版了第三卷《柳暗花明》，第四卷《圣地》，第五卷《万年春》，好像完成了最初的所有预告，真是一个特例。

为何有的小说印象尤其深刻，是因为小说改编过电影，两种艺术形式互动互补，想忘都忘不掉。有的小说在当年的传媒利器收音

《敌后武工队》全护封展示图

说实话，《暴风骤雨》小说我没通读过，但是改编成电影、由于洋主演的《暴风骤雨》，我看过不下十遍。

《野火春风斗古城》封面。同名电影由王心刚、王晓棠主演，王晓棠在电影里饰“金环”和“银环”两个角色。

机里有个“长篇小说连续广播时间”，每天中午半小时，好像是十二点半到一点。当年听收音机的这个节目颇似今日之电视连续剧，到点必听，落下一次都觉得难受。我没有机会认识任何一位小说的作者，最接近的一回也只不过是见过电影《青春之歌》中林道静的饰演者谢芳。电影《青春之歌》中林道静与余永泽是初恋，俩人漫步在海边，书里的文字是这样描述的：“上弦的月亮已经弯在天边，除了海浪拍打着岩石的声音，海边早已悄无人声，可是这两个年轻人还一同在海边的沙滩上徘徊着，谈说着。”走着走着，他俩坐在岩石上，余永泽深情地念起了诗，那景象太美了。后来我却怎么也在书里找不到余永泽念的那首诗（《青春之歌》第一版里余永泽没有念诗，第二版里念了，念的是海涅的诗），这是咋回事？终于我在《〈青春之歌〉（电影分镜头剧本）》里找到了原诗——改成了雪莱的诗：

喃喃的海波安歇了，
云彩都各自去游荡，
天空的笑颜就映在
海洋的蔚蓝的胸上，
这一刻，好像是从碧霄外飘来的时光，
弥漫在这儿的落日的余晖，
也仿佛是来自天堂。

余永泽念诗时的表情真挚极了，是整个电影中最经典的镜头。

经典小说收入语文课本也是能够传之久远的手段，又因为收入的是经典的小说的片段，印象尤为巩固，比如《创业史》里的“梁生宝买稻种”一节，好像当年上课是要求背诵的作业，三根火柴找睡觉的地方，五分钱喝一碗汤面，描写得多细。几十年后，我在旧书摊淘得《创业史》后，马上寻找买稻种这段，似曾相识燕归来，那时的美文以今日眼光视之，颇多可笑之处，如“尽管饭铺的堂倌和管账先生一直嘲笑地盯他，他毫不局促地用不花钱的面汤，把风干的馍送进肚里去了。他更不因为人家笑他庄稼人带钱的方式，显得匆忙。相反，他在脑子里时刻警惕自己，出了门要拿稳，甭慌，免得差错和丢失东西。办不好事情，会失党的威信哩”。

我个人发现的又一个规律是：小说的初版本往往没有插图，插图本往往都是在小说受到欢迎以后出版社赶紧找人画的。《新儿女英雄传》初版有插图，我想可能是原先在报纸上连载时就有了插图。《红岩》初版有插图，也许因为《红岩》的前身《在烈火中永生》先有了插图。《小城春秋》初版没插图，第二版有了阿老的插图。《红旗谱》刚开始的好几个版子都没插图。《苦菜花》《迎春花》的初版本都有插图。《烈火金刚》好像一直就没出过插图本。

《创业史》很可惜没有插图，好在这点遗憾在外文版的《创业史》里得以小补，是阿老的插图，是素描人物像，真是画得好，我的做法是，多买一本，把其中一本里的插图割下来，放到中文版相应的页码里。我说没插图是指一九六六年之前的，一九七七年新版的《创业史》有了蔡亮的插图，插的方式是卧图，小幅，没有占整页的，计景物画四幅，人物画七幅。《铁道游击队》，我也是这么干的。《青春之歌》，我亦如法炮制，后来在旧书网拍到一本带插图的，那本假插图本变为了过去。

初版的概念在小说的出版上尤为混乱，“初版”往往不能等同于“第一版”。举个例子，手边有精装本《红日》，版权页注明“人民文学出版社出版，1959年9月北京第一版　1959年9月北京第一次印刷”，它是《红日》的“初版书”吗？不是，它只是人文社的“第一版第一刷”而已，《红日》的初版应为“中国青年出版社1957年7月第一版”（《中国现代作家著作目录》，一九六二年）。

还有就是《红旗谱》，我先得一精装本，版权页：“中国青年出版社出版 1958年1月北京第1版 1958年1月北京第1次印刷 印数1—52 000（内精装本15 500册）”，这样的著录该确定无疑是一版一次的初版书了吧？又不对了，后来我高价得一册平装本《红旗谱》，版权页：“中国青年出版社出版 1957年11月北京第1版 1957年11月北京第1册印刷 印数1—52 000 内精装本（15 500册）”。比之精装初版时间提前了两个月，也就是说一九五七年十一月应该是《红旗谱》初版的日期，而一九五八年一月有可能是精装本初版的日期，因为两者的印数太一致了，故我有此判断。《红旗谱》后来的本子我存有四五种（一九五九年九月的，一九五九年十月的，一九六二年八月的），均于版权页著录“1958年1月北京第1版”，我就一直以为自己拥有初版本，直到一九五七年十一月这本的出现，才打破了真实的谎言。

出版社这种“唯我为初版”的例子很多，再举一个《创业史》的例子。《创业史》第一版于一九六〇年五月由中国青年出版社出版，到了一九七七年十月中青社第十次印刷，就出了问题。首先是封面变了，而且增加了插图，在“出版说明”中也表明了“于1960年由本社出版，这次再版时，作者又进行了一些重要的修改”。这几个再版本的要素都具备了，可是在版权页还是“睁着眼睛说瞎话”，“1960年6月北京第一版 1977年11月北京第10次印刷”，读者有什么办法？明明是第二版了，它就弄成“一版十印”；明明第一版是一九六〇年五月，它就写成“1960年6月”，中青社自己拌蒜，活该别的社添乱。我又得陕西人民出版社一九七八年一月印的《创业史》，封面、页数，哪哪都跟中青版一样，就是在“出版说明”和版权页上做了手脚，“出版说明”中把“由本社”删了，版权页是“1978年1月第1版 1978年1月第1次印刷”，这么做的结果，中青社一九六〇年的初版变成了陕人社的初版。为了加强实证的力量，我又买了广东人民出版社一九七八年三月二次印刷的《创业史》，广人社的做法是：“1960年6月北京第1版，1978年3月广东第2次印刷”；另外还加了“中青社出版，广人社重印”的两行字，“出版说明”也依照中青社的“由本社”而未做改动。我认为广人社的做法是守规矩的，尊重版权的。一模一样的三本书（连定价都一样：“1元1角5分”），却代表了三种态度。

一九四九年以前，版次与印次区分得不甚严格，这是藏书时应该注意的。那时印书，无论内容改动与否，每印一次，即算作一版，所以有些书的重版本与初版本在内容上无丝毫区别。一九五四年国家出版总署颁布《关于图书版本记录的规定》，将版次与印次分开。版次是用以统计版本内容的重要变更的；凡图书第一次出版的称第一版或初版（也有称首版的），内容经过较大增删后出版的称第二版，以下类推。图书重印时，内容如无改动或仅有少量改动的不作为再版，即不作版次的变更。同一图书改换书名，开本，版式，装订，封面，出版者，亦不作版次的变更。

由于上述规定，造成了可以有N个初版《红日》的滑稽情形。二十世纪五六十年代，有的出版社的做法还稍好，它会在版权页上标明它的第一版仅是它社的第一版，在此之前哪个社哪一年还出过第一版等等，一五一十交代干净，或注明是租的某某社的纸型。像规定中说的“书名”“出版者”都改换了仍“不作版次的变更”，太具欺骗性了，其结果就是使读者多花钱、花冤枉钱。

已故著名编辑家赵家璧对此不合理的规定很是不满，他以一九八二年四川人民出版社重印一九四七年版师陀的《结婚》这事为例："我把四川版翻到最后版权页，上面仅印'1982年4月第一版'一行字，没有说明初版本的出版年月和何处出版，那么青年读者很可能误认为是作者新写的作品。我再查阅这几年各地重印的《四世同堂》《寒夜》《围城》，版权页上和《结婚》完全一个样。这引起了我的一点感想。文学作品一旦印成了书，它本身在社会上就是一种独立存在，在历史的长河里载浮载沉，经受它自己命运的摆布，有的历经沧桑，有的昙花一现；而一本书的生命史就记录在版权页上。所以国外的版权页，初版本、修订本，移交另一出版社出的新版本或纸面本，样样都做出说明。我们的《鲁迅全集》，对各书初版本都有交代。这样做的好处，一则尊重出版的历史，二则对文学史研究者提供了重要的参考资料。我还见到新出《老舍文集》内连众所周知的《二马》《赵子曰》，都不注明是'商务'出的初版本。"(《钱钟书的〈围城〉和师陀的〈结婚〉》，一九八三年三月）鄙人建议以后用"最早版"这个概念来厘清十七年小说版本上"初版本"与"第一版"的纷争，书贩们很会混淆两者的差异以谋不当之利，却也不排除卖书的的确不懂。

出过许多经典小说的某大出版社，散出过许多他们不看重的资料，随便就当废纸卖了，书贩的嗅觉多敏锐啊，收购上来，立即变废为宝，有些小说的封面画和插图的原稿竟被书贩们送到了第一等的拍卖行嘉德拍卖公司，这里有黄新波的《苦斗》封面设计草稿（木刻），王荣宪《青春之歌》封面底稿（水墨画），古一舟《林海雪原》封面及插图原稿（水墨），柳成荫（原名沈荣祥）《汾水长流》《铁流》封面（水墨），彦涵《钢铁是怎样炼成的》封面（木刻），估价大致每幅三四千元。

才知道“利用写小说反党，是一大发明”这句来自六十年代最高层的语录并非空穴来风。《桥隆飙》就有被禁过，有印好之后被销毁的遭遇。查到一位老读者的回忆：“昨日整理书架，翻出一本一九七八年版的《桥隆飙》。记忆中，这本书是北京一个亲戚送的。他曾经与作者曲波一起下放劳动。此书曾于一九六五年出版过，但因江青等人迫害，没有发行就被销毁了。粉碎‘四人帮’后，才得以重新出版。因是故交，曲波便送给亲戚一本亲自签名且加盖手章的新版《桥隆飙》。因我喜欢藏书，一九九一年，亲戚将此书送给了我。”回忆多有失真之处，如“此书曾于一九六五年出版过”，实际书是一九六四年九月作家出版社出版的。“但因江青等人迫害，没有发行就被销毁了”此句不通。还是许觉民的回忆可信度高一些，许觉民回忆：“她（韦君宜）调来出版社时，同时调来了作协下属单位的一些人，其中有一名编辑，文化水平虽不高，却极有能量，说话常凌驾于韦君宜之上，看样子是个隐性领导，韦君宜是很怕他的。有一次出版社印了曲波的一本长篇小说《桥隆飙》，内容是写抗日战争年代的一支民间游击队，首领名桥隆飙，这支队伍神出鬼没，弄得鬼子兵昼夜不宁。这支游击队以后为八路军所收编，但桥隆飙有时仍有些我行我素。此书印好后，那个隐性领导认为此书要销毁，理由是主人公不服从党的领导，有损于党的形象。他到韦君宜那边去力陈利害，韦无计，把我叫去一起商量。我把小说全部看完后认为无妨，桥隆飙之被收编，就是接受了党的领导，至于其部队有些自作主张，正说明其成为真正的八路军还有待于不断地进行教育，而且在小说中八路军正是这样耐心地做的，这也正是表现了小说的真实性与合理性。不料那位隐性领导仍不以为然，声嘶力竭地要销毁此书，我说完后就怫然而走。以后知道，韦君宜还是听了他的，将印好的书全部销毁。以后我想，我的怫然而走其实也是一种示弱，力争才是强者。自此后，我就觉得这个出版社十分复杂，我这个第二副社长说话等于放屁，那隐性领导倒成了太上皇，我对韦君宜既同情，又感到悲哀。”（《痛悼韦君宜》，二〇〇二年）

至于《桥隆飙》禁没禁干净，销毁得彻底不彻底，大可怀疑。当年就读到过此书——可证有漏网之鱼。这几年淘旧书，书友中就有淘到过此书的经历。但此书存世甚少，也是事实，十几年来我只见到过一本。再见就是上个月在孔夫子旧书网见过一本，还是精装的，争拍得尤为激烈，最终以九百零五元被山东一书友竞得。孔夫子旧书网号称国内第一，每天有数千本稀少的、比较稀少的古旧书在线拍卖，数不清有多少难得一见的珍本在此网浮出水面，唯《桥隆飙》惊鸿一瞥，五年来仅现身过这一次，由此可想它也许真的被销毁过。书运好，神仙也挡不住。由于我参加了这次孔网《桥隆飙》争夺战，又是只输给最高出价者的次出价者，虽败犹荣，传达出“我特想要这书”的讯息。没过多久，有有心的贩书朋友居然又淘到一本《桥隆飙》，第一时间问我要不要，精装，十品书，崭崭新，十成新的书页泛着一点儿旧色——四十年寒暑的印记。光书缘好不成，还得有人缘，这样人家得到书才能想着先告诉你。《桥隆飙》现在我家，仿佛四十年前的少年读书场景回放。书到手，要证实精装本原来有没有过护封，之所以能保存得如此好，没护封不大可能。网上拍的那本书况甚惨（破损，污垢），估计无数人传阅过，也是没护封。这书该是有护封的，扉页“内容说明”下有一行字：

“封面画：孙滋溪”，再看现在精装本的封面只那么一点点儿几面小红旗飘着，怎么着也不能算封面画，封面画一定另在护封上。孙滋溪先就给《林海雪原》画过封面和插图。想到这，又不知足了，立志再求一本带护封的《桥隆飙》，搜书就是不断地增加难度系数的游戏，哪儿是一站啊。

我上初中时读的《桥隆飙》，吾家贫，从未买过小说，这本是跟同院一同龄女孩借的，她家住北房，是全院经济条件最好的。初中时我的作文在班上数一数二，读小说最注意的就是好词好句子，当然这是当年的标准，现在觉得那些太是“新八股”了。可当年就是喜欢得不得了，觉得曲波能造出这么美的句子，真了不起。像书的一开头：

> 强虏入寇，国贼横行；河山涂炭，天下混乱。国土片片沦丧，伟大的祖国整个在动荡！一九三七年过去了，又跨进了一九三八年。
>
> 战战战，杀出了多少英雄好汉！
>
> 降降降，滚出了多少奸臣贼子！
>
> 贪贪贪，多少民族败类，专发国难财！
>
> 逃逃逃，多少将军显宦，抱头鼠窜！
>
> 五千年的古国，谁主沉浮？亿万里的江山，谁定兴衰？

有一个创作规律，似乎还没有哪一位作家能够打破，尤其是十七年成名的那些作家，概莫能外——第二部小说的品质总超不过第一部，曲波如此，杨沫如此，梁斌也如此，除非是那些只写一部见好就收的“一本书作家”。

《新儿女英雄传》是我设定的十七年期限中最早的一本，这本书先是连载于《人民日报》一九四九年五月二十五日至七月十二日的文艺版，单行本第一版由海燕书店于一九四九年十月出版印行，作者孔厥和袁静，郭沫若和谢觉哉分别作序——这么高的规格，乃小说中唯一一例。这本书后来有多个版本，都是彦涵作的插图，每版的插图都有不一样的地方，还有就是谢觉哉的序不见了。作者孔厥、袁静是夫妇，可惜后来孔厥（一九一七年—一九六六年）因生活问题犯错误被开除党籍，并服刑数年。一九五七年在家写作，“文革”中投水自尽。一九五六年人民文学出版社重出《新儿女英雄传》，在“出版说明”中有一段话：“小说的作者之一——孔厥，后来由于道德堕落，为人民唾弃；但这并不影响这本书存在的价值。孔厥在小说的创作过程中，实际参加过一定的劳动，因此仍然保存了原来的署名。”人文版的插图很写实，是彦涵重新画的，只是数量比之旧版少了许多，仅六幅，且均为正面人物的画面。《新儿女英雄传》一九五一年改编为电影，谢添饰演的张金龙我最爱看，李景波演的李六子亦好，正面人物不脸谱化，如果再晚十年拍成电影，不大会这么逼近原书。此书还有外文版，我也存有，《新儿女英雄传》可说是我这个专题里版本最完全的一种，它们来自不同的旧书店，也不是一次买齐的，最远的一本是在上海旧书店淘到的，绝品，还是大三十二开本。海燕书店首版特难找，先找到的那本没封面，可我也当宝贝留着，拿它“聊胜于无”，直到在旧书网买到一本带封面的，新旧并存，念其皆来之不易也。

值得单拎出来一说的还有《红旗谱》，这书从初版到插图版，再到精装本、外文版，我也几乎收齐了。插图本有两种，一是大画家黄胄画的插图，另一位也姓黄，黄润华，名头稍小，以插图的角度而论，两位风格各异，黄润华画的多为场景，配合着故事情节；黄胄则是一幅一幅人物形象图，有古小说人物绣像的味道，不同的是黄胄的绣像使得是浓墨重彩，因而看得出意识形态对创作的影响，正面人物都是带彩的，且一人一图或两人一图；画到“冯兰池、冯贵堂、李德才、刘二卯”，待遇就改为四个人挤一张图上了，冯贵堂还是个后脑勺，画面的颜色也只是黑白两色了。我一直认为冯兰池和《暴风骤雨》里的韩老六，是写得最出彩的大地主形象，冯兰池比韩老六又胜一筹。《红旗谱》里有一段描写是这样的：“冯家大院，是一座古老的宅院。村乡里传说，冯家是明朝手里财主，这座宅院也是在明朝时代，用又大又厚的古砖修造起来。经过二百年以上风雨的淋晒，门窗糟朽了，砖石却还结实。院子里青砖铺地，有瓦房，有过厅，有木厦。飞檐倾塌了，檐瓦也脱落下来，墙山挺厚，门窗挺笨，墙面上长出青色的莓苔。青苔经过腐蚀，贴在墙上，像一片片黑斑。一进冯家大院，你就闻着腐木和青苔的气息。据说，冯家大院里有像猫一样大的老鼠，有一扁担长的花蛇，把那座古老的房舍，钻成一个洞一个洞的。院里一把老藤萝，缠在红荆树上，老藤长得挺旺盛，倒把红荆树给缠黄了。老藤的叶子，又密又浓，遮得满院子荫暗。大瓦房的窗格棂挺窄挺密，屋子里黑古隆冬的。但是，这样的房子，冯老兰却住惯了。他就是成天价钻在这大瓦房里，晴天白日点起油灯，写账簿，打算盘。”我是在四合院里长大的，我老是想象冯家大院是什么样，后来朱老忠他们没太费劲地攻陷此院，这已是《播火记》里的事了，有些描写是前面未预留伏笔的，“当冯贵堂带领家丁们在村边作战的时候，冯老兰早在家里做好了准备：穿上送终的绸缎衣裳，穿上一双缎子靴，戴上送终的缎子帽盔，红疙瘩。把两条子弹袋挎在身上，手里提了盒子（枪），踩着扶梯上了屋顶。冯家大院，平时就有作战的准备，屋檐都修上掩体和枪眼，房与房之间，修上天桥，冯老兰从这座屋顶走到那座屋顶，查看工事。”

写小说在当年竟成了招祸之事，有的作家竟为此送了命。二○○八年，因浩然逝世引发了一些并无新意的议论。我找出陈徒手的《人有病，天知否》重读，看到了过去读时并未注意的一段：

> 杨毓珉告诉笔者：“回北京后，在梅兰芳故居继续修改《红岩》，由徐怀中当组长，把原作者罗、杨也调来。代表江青抓戏的是部队作家李英儒。有一天江青突然不让搞《红岩》，不知为什么。后来江青透了一句：‘我问了别人，渣滓洞防范得那么严，能够越狱吗?’罗广斌‘文革’中被整死了。再后来，江青指定改编《敌后武工队》，也把原作者冯志调来。创作组解散后，冯志回家没几天也整死了。”（1998年6月19日口述）

《敌后武工队》是我非常爱读的小说，每天不落地听“小说连续广播”，许多细节记得太熟了。冯志是这么死的，我才知道。

黑夜给了我黑色的眼睛，我却用它来寻找书斋

二十世纪九十年代那会儿，我们的阅读幸福指数远没今天高，我干了一件事——把家藏的旧杂志中有关藏书的文章收拢起来，约得七十篇，交给一位四川某出版社的朋友，想着出一本书。那些年关于谈藏书趣味的选本出了不少，我想不跟它们重复，我的优势是二十世纪三四十年代非主流的刊物搜集得很多，选出来的文章大多数是第一回与今天的读者见面。当时热情满满，装了一旅行包的旧杂志去一家学校复印，那年的复印店还不像现在满街都是，托熟人在学校复印，还有一想法是省点儿钱。管复印的原以为一会儿就能印完，谁知一印就是三小时，脸子慢慢就不好看了。终于印完了，终于就是这种感觉。印完了，厚厚一沓很像一本书的样子了，写了一篇编选后记，就寄给朋友了。此事终于没成，转手三家出版社，还是没成，十二年后我把复印件要了回来，只剩一半了。而今，我们的阅读指数很幸福，我们已不满足于我们自己人写的藏书文章了，不断地有国外的藏书家的专著被翻译进来，一本接一本，我自己已攒了三十多种，宛如一个集书的专题了。最新的一本是《夜晚的书斋》，作者阿尔贝托·曼古埃尔，我多年前买过他的另一本书《阅读史》，封面很抓眼，还记得是大热天在琉璃厂商务印书馆门市部买的，而且只剩一本，不能挑品相了，当年我们的购书指数也不如

今天高。

夜晚的书斋总是被赋予变幻莫测的色调，余秋雨称夜幕低垂中的书房是他“精神的道场”，杜渐说他二十年来每天夜里都坚持两小时“一字不落”地看书，而蒙田却说：“我在那里度过了生命中的大多数日子，一天中的大多数时间，但是夜里我从来不到那里去。”夜晚是分两部分的，晚在夜之前，夜于晚之后，通常天黑了就算是晚上了，而夜的开始应是二十三点以后，对于某些善于熬夜的人来说，夜的概念还要晚一些，一点钟我觉得才进入状态。我说过一句话，“为什么我迟迟不睡，因为此一睡去，生命又少了一天。”周作人是不熬夜的，他说，“从前无论舌耕或是笔耕的时代，什么事只在白天扰攘中搞了，到了晚饭之后就只打算睡觉”，还说“不喜‘落夜’或云熬夜。我不知道是白天好还是黑夜好，据有些诗人说是夜里交关有趣，夜深人静，灯明茶熟，读书作文，进步迅速，我想那一定是真的。”（《夜读的境界》）周作人说的“交关”是上海话，是“很”和“非常”的意思，周作人这篇短文刊在《亦报》，《亦报》在上海出版。夜晚书斋的功能和白天的书斋没什么两样，都是用于读书和写作的，因为夜深所以人静，而安静在白天无处藏身。

我原以为《夜晚的书斋》是像书名所说的那样的一本书，是属于夜晚的，是属于书斋的。我错了，错了多一半，这本书几乎省略了夜晚与白昼的差别（夜晚只是一个由头），这本书也没有自闭于一己一屋的书斋（更多的是说公立图书馆）。这本书太丰富了，甚至有点儿过于丰富了，有关图书的一切它似乎都讲到了，理念满天飞，接受起来很有点儿难度，我算是很喜欢西方作家的句式了，他们很少有多余的话，他们的话很具哲理性。

通常的读书心态是求同的，一看到作者的观点与自己一致，便欣欣然称好，尤其当这是一本谈书及书房的书，对我而言一致的地方远多过不一致的地方（当然，很多的观点我是第一次听说，还来不及想一致还是不一致）。存书比较多的人都遇到过找书难的问题，甚至有这样极端的例子：费了半天劲找不到的书干脆再去买一本新的（滑稽的是，刚买回新书，旧的那本又钻出来了）。阿尔贝托·曼古埃尔说："我想象中的书架，矮的一格从我腰部开始，逐渐升高到我伸出手臂用手指够得上为止。根据我的经验，书籍如果高到需要用梯子的程度，或者低到强迫读者趴在地板上才看得清楚，那就无法取得人们的注意了，不管它们的主题和优点是什么都没有用。"止庵先生称书架第二排的书为"死书"，有形同无，某些书终其一生都没被主人阅读过，某些书命中注定要在架子上站一辈子的岗。

书房的面积与图书的增速，永远是一对矛盾，在这一点，私家书斋和公立图书馆均不能幸免。私家处理矛盾的方式无碍他人，把多余的书卖掉或卖给谁，别人都管不着，贵卖还是贱卖自己说了算。公家图书馆就不该那么随意了，我原来以为他们是慎重从事的，事实却令我吃惊。书放不下，办法之一是盖房子，之二是淘汰书。图书馆常年都在"剔除"书（多为复本），我手里就有盖着"剔除"章的图书馆藏书。前几年炒得沸沸扬扬的"巴金捐书沦落地摊"事件，受捐者是全国有影响的大图书馆，其实是正常的"剔除"复本，只是因为书是巴金的书，事情就演变为事件了。这次事件使得这家大图书馆变得异常过敏，有一次我送某书给拍卖行，某书盖有这家图书馆前身（馆）的藏书章（新中国成立前的），他们居然质问我某书的来源。现在图书馆用显微胶片来拍摄珍贵的、不易保存的古书及古旧书报杂志已很普遍，简称"微缩"，阅读微缩之书报还需一种特殊的仪器，很不方便。微缩之后的报刊应该是安全了吧，谁料到，它们的下场竟是被清理出馆甚至毁掉，理由均是“地方不够”，当我看到《夜晚的书斋》里这样的情节，我在下面写道：“啊，我只剩下啊了。”

此书打动我的段落很多，这一段最打动我：“1945年5月，当捷克爆发反纳粹起义，俄国军队开进布拉格的时候，作家纳博科夫[1]的姐姐埃莲娜·西科丝卡雅（Elena Sikorskaja）正在图书馆工作，她知道德国军官准备逃走了，但他们借的图书尚未归还。她和一位同事决定把这些书要回来。她们穿行在俄军车辆胜利前进的街道上去挽救图书。她后来写信告诉弟弟：‘我们找到了德国飞行员的住处，借书的人冷静地把书还了。可是到那时候，主要马路已经禁止通行了，到处都是德军架起的机关枪。’”我既惊诧女图书管理员的敬业，更惊诧德军飞行员的冷静，是战争使得“有借有还”这么寻常的小事，变得不寻常起来——书的价值在此刻超越了人的生命价值。

《夜晚的书斋》是本特别有意思的书，如果图片的质量再提高一些的话，就更好了。除了图片的清晰度不够之外，有些图片的安置比较勉强，比如那些涉及中国的题材，配的图片太常见了，有为插图而插图之嫌。如今的图文书大多不令人满意，原因是多方面的，顾及成本是一方面，可我一直认为如何协调好图与文的互动关系，是主要的难点。

1 谢注：纳博科夫是家中长子，此处的埃莲娜应为其妹妹。

集书之前是集邮

爱好集书之前我的爱好是集邮。

现在我对于书的兴趣远远大于集邮的兴趣。可是我完全放弃的只是购买邮票，对于邮书邮刊热情依旧。很久以来一直在搜求黄光城著《红印花小壹圆票存世考图鉴》(一九七六年菲律宾马尼拉出版)，同为邮学家的黄建斌赞誉这本书为“邮学出版界之伟大巨著”，最近终于如愿以偿，可见邮心未死。

二十世纪八十年代，《生活参谋报》在京城非常畅销，其中一个版专门讲收藏，主要是讲邮票。某一天我忽然被《邮市沉浮录》这个连载吸引了。“沉浮录”像是一个邮票贩子的口述，很口语，他讲的一句“灯下不看票”(光线不好的时候不宜邮票交易，买了回家再发现票有瑕疵，一般来说是不退不换的)我印象极深，也可以说，我就是被这句话推进了邮海的深渊。其间二十年发生了很多可歌可泣的故事，像苏联的二战大片《解放》，没有输家也没有赢家，最终悄然收场。

关于个人集邮史，我打算写成一本小书的，拟好的题目已有三十多个。

很长一段时间，我虽然脚踩两只船，可对集书与集邮是一视同仁的，既逛邮票市场，也逛书摊和旧书店。记得月坛邮市迁到琉璃

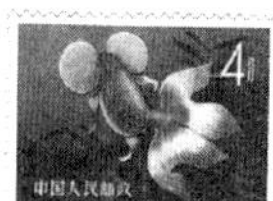

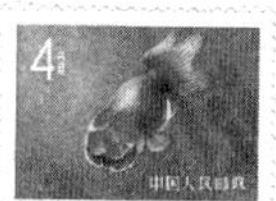

这套名贵的《金鱼》特种邮票今已换了物主，出手之前拍照留念。

唐朝元稹诗云:“不是花中偏爱菊，此花开尽更无花。”《菊花》特种邮票是我在和平门路口东南角的一家小店里买的，价钱是二百八十元。

广东街的那段时间，我是既感到不方便，又感到了方便。不方便的是我家原来就住在月坛边上；方便的是邮市和旧书店在一条街上了。

也许正是两条船的经历，使我琢磨出集书与集邮相似的地方及相通的道理。

集书的写作是“书话”，集邮的写作是“邮话”。我爱读书话，也爱读邮话。现在的书话，缺点是废话太多。书话的随意性，恐怕要毁了书话的名声。

书话里凡涉及价钱的地方，多是含糊其辞，尤其不愿透露“价昂”具体昂到什么程度，是怕露富还是其他什么心理，我不明白。邮话里涉及价钱，则是相反的态度。

集邮与集书的同好，总免不了相互之间有个交换或交易的事情。书话里是很忌讳谈这种事情的，好像书友之间从来都是纯洁的友谊。送书可以写，卖给公家书可以写，捐献书更可以大书一笔。钱书交易是绝对不能写的，书书交换是能不写就不写。

集邮家赵人龙说：“我和姜治方曾交换过几次邮品。其中最主要的一次我用‘大龙’‘小龙’票盖不同地名戳者约20枚，浙江省民信局信封约20枚以及‘蟠龙’一分加盖宋字‘中华民国’直三连实寄封，其上第一枚为‘壬’字头，第三枚为大头‘壹’修饰变体，换得他‘蟠龙’加盖楷字‘中华民国’四方联新票十二种（全套缺二角、五角、五元）及一元四方联旧票一种。这个旧票方联左上角缺二齿，但系从信封上洗下的真正使用过的。他见我意犹有未足，又给我福州对剖信封一个。”（《北京集邮回忆》）

“意犹有未足”，至真之语，至诚之情。姜治方是集邮界的顶尖人物，两位大人在交易中的心理博弈，十足的孩童性情。

姜治方的小辈邮友李毅华也讲过一件类似的事情（时间为五十

年代末）。李毅华与姜的儿子姜惠里很要好，某天姜惠里说他父亲想见李，并要求李把家里的邮票带来看看。李毅华毕竟弱冠少年，被著名集邮家邀请，感觉是受宠若惊的，出于“一鸣惊人”的想法，李毅华带上“清代快信票”邮册（此册邮集百余页，大十六开本，厚五厘米，大部分为清代各版别快信票，总数近千枚，是李的三祖父送给李毅华的，并嘱其“好好收藏”）去姜宅拜访。果然不出李之所料，姜治方对快信票册极为称赞，要李将邮册留下供他“核实”。李毕竟年轻，未加思索便答应了。时隔不久姜治方写信给李毅华，约李再去小羊毛胡同姜宅见面。李毅华如约到了姜治方的书房，一进屋看到桌上摊满了快信票，姜治方正在仔细区分版别。这次见面，姜治方开诚布公地向小李提出他需要这部快信票，并当即提出支付现金收买。事已至此，小李方感后悔，不该将快信票册留给姜治方了。小李意识到全部取回已不大可能，但坚持不作钱邮交易，而是让姜治方以早期华邮作为交换，姜治方当即同意。

姜治方清点了所留快信票五百余枚（占李毅华快信票的一半以上），并挑选出一些民国早期邮票“光复”“共和”“西北考察团”“统一”“国葬”“谭延闿”“吉黑大元帅”等邮票给李毅华作为交换。小李称姜治方毕竟是“大家”，一再表示他留下的多了些，待参阅研究后再退给小李一些，或再补给一些清代早期邮票。

结局是，“后来在《集邮》杂志刊载了姜治方先生写的快信票研究的文章，却不曾收到他退回或馈赠我任何邮票”。

姜治方到底是性情中人。夏衍爱集邮，尤其偏嗜“大龙”票，是出了名的，与姜治方熟悉之后，给姜去了封极其诚恳的信，迫切希望姜支援一套“大龙”毛齿新票。姜治方收集“大龙”票有个原则——“只进不出”，这回碰到夏衍，碍于情面，只能割爱。事后姜治方对朋友讲，为此事“有三个晚上未睡好觉”。

邮友中的买卖与交换，似乎是一种约定俗成，无关宏旨。邮王周今觉在《余之华邮历程》中说：“大凡有名的邮集，决不是平地起楼台，一张一张买起来的。一定是要起首或半途收买了他人的邮集，各处一凑拢，选其精华，去其糟粕，才能够组成一部大邮集。这是天然的公例。”

当然也存在另一种评论标尺。集邮家刘肇宁评说周贻白教授“藏品令人羡慕，而且集邮态度端正，是集邮爱好者的表率。周教授从未出卖过一枚邮票，是一位纯粹的集邮家。他只保留自己收藏的票品，不因有利可图而留复品，再与别人去交换，或待价而沽。偶尔有少数复品，他从来都是赠送别人，不取分文，即便名品也是如此。”

邮话里的某些情形我好像也碰见过。赵人龙讲：“一九五六年北京市工商业实行社会主义改造后，邮商沙伯泉停业，以60元代价将全部邮学书刊转卖给姜治方，据说有一板车之多。姜的中外文邮学藏书原来就不少，这样就把中文邮刊基本配齐了，他又花了一定代价将之加工成合订本。姜有意将余下的重复书刊卖给我，索价30元，其中一套《邮乘》九册是全的，不能算贵。但我考虑到已有后面的七册，而其它邮刊也重复太多，所以未要。”倪墨炎先生曾谈到他收集巴金主编的文学丛刊时也碰到过全套一百六十册而未购，当时的心理与赵人龙是一样的。

集邮界还有一位老名家崔显堂（一九〇六年—一九八一年），邮票之外尚长期订阅期刊，此老颇有意思，做事有条有理，凡选中订阅的期刊，他会一直订下去，绝不半途而废，直到杂志自行停刊为止。崔老收藏有全份的《太白》《人间世》《论语》等刊物。我有一本旧杂志，封面上盖有“崔显堂”名章。

民国《大戏考》入藏记

集书的过程其实就是一个圆梦的过程，惦记了很久的一本书终于到手了，这情形太像生活中的某些场景了。最初与《大戏考》见面是在一本古旧书拍卖图录上，当时还不太清楚此书讲的是什么内容，完全被那张美丽的封面画摄走了魂，世上如果真有一目永难忘这等事的话，对我而言就是这张画了。那场拍卖会我没参加，那本《大戏考》拍了四百元。自此，《大戏考》上了我的议事日程，开始四处留意。

有一年春天在报国寺地摊，我碰到一福建人摆书摊，他的旧书比较对我的路子，便照顾了他几份生意，闲聊中他讲他老家有本《大戏考》，我问封面什么样，他答得含含糊糊，我就说下次你带来，如果是我说的那张封面的话我出四百元（《大戏考》一九二九年出第一版，我要找的是一九四七年所出第十八版的），说罢还互留了联系方式。福建人不可能天天在北京摆摊，一年顶多来两回，两回还必须是赶报国寺举办全国性的收藏品交流大会，大会期间人多，货好走，除了人吃马喂，本钱有望保住，干这行，不容易。春去秋来，山河依旧，福建人真又来了，春天没卖出去的货，秋天又背来了，我问他《大戏考》带来了吗，带是带了，不是我要的那本，且书品甚惨，一夏天白盼了。再次碰到《大戏考》是几年后在潘家园旧书大排档，这个摊主是个半老妇女，一摊子的旧时月色——倒都是民国出版物，女摊主比男摊主更难讲价，一本施蛰存主编的《现代》杂志敢喊三百元，她摊上的书，本本金贵，本本超行市，跟她理论没用，偏偏我大索天下的那本《大戏考》她就摆着有，开价三百，就这价开得不离谱，可惜书况不佳，再喜欢的东西，我也不想凑合。我买旧书是“唯书品为上”派，品相好的我可以多出钱，品相差的再便宜我也不上手。旧书这种收藏，最讲究封面，封面美丑可影响一本书价格的一半，书的内容占一半，更多的时候我把封面因素占到百分之八十，听说有的搞美术设计的人会只为一纸封面画，书买回去后，把封面撕下来当参考数据，书囊就随手扔了，这种人是百分百派。

说到这，需要转录刘曾复先生几段话来说明《大戏考》是怎样要紧的一本书：“唱京剧必需有戏词。过去京剧界，剧本，也就是戏词，是演员的个人私有财产，别人是难以见到的。清末以来，坊间逐渐公开出版‘戏考’之类的京剧剧本，但其中许多戏词，跟舞台演出，特别是名演员所用的词句出入很大，因此当年要想得到台上演员的戏词，只能在演出现场，竭尽一切可能来记忆、抄录，有时由于听不清楚或没记下来，事后常会十分懊丧。我的长辈曾对我说过：余叔岩听谭鑫培演《辕门斩子》时，由于一句戏词没听清楚，琢磨一夜未能入睡。当年名演员碍于名望身份，又不能随便向人请教，问也只能问真有交情的人，如果都不知道，那就绝望了。其实，谭鑫培的这句唱词，跟贾丽川学过戏的人，例如王凤卿、陈秀华诸位，他们都知道。谭鑫培的词跟贾丽川一样，余叔岩没想到。而当时没听清的人，不只是余一人，陈彦衡、言菊朋、范濂泉几位也没听清楚。直到二十世纪四十年代，言演出、范教戏，还是用刘鸿声的‘叫焦赞和孟良小心招架’的词，但唱腔学谭。这就是当年演员之间不交流的情景。后来陈秀华公开出版他的《辕门斩子》剧本和唱腔曲谱，‘这女将赛煞神平空降下’这句戏词才算公开。我想，余叔岩当年如有这样的出版物，何至一夜不眠！”（刘曾复《我需要戏词——为〈京剧大戏考〉而作》，二〇〇四年）《大戏考》，前后一共出版了二十一版，每一版都有一个共同的特点，就是“喜新厌旧”——每一版大戏考在增加新唱片戏词的同时，又大量删去老唱片的内容。我得到的第十八版《大戏考》有三分之一是流行歌曲，有的还谱了曲。我是戏盲，通过读《大戏考》，我弄明白了一件事，从小听大人东一句西一句闲哼哼的小曲原来是戏词，而且多是一段戏的头一句，如“我本是卧龙岗散淡的人”（《空城计》），如“一马离了番邦界”（《武家坡》），还有“我正在城楼观山景”（《空城计》），最多听的是“苏三离了洪洞县。将身来在大街前。未曾开言我心内惨”（《苏三起解》），四五岁之时家里的保姆老唱这段，故印象深极了。

给《大戏考》题写书名的是民国书家杜就田。杜就田，别署味六，山阴人。曾任上海商务印书馆编辑。喜金石书画，书宗魏碑，善篆刻，私淑于赵之谦。辑有《就田印谱》。董桥说，“小时候我在舅父书楼里翻看过好几叠老上海的《点石斋画报》，老报纸《申报》出版的十日刊，连史纸石印，图画很多，书法好看，偶然遇见杜就田写的八分字尤其心喜不已。先父一手何绍基行楷口碑久远，隶书他倒是格外推崇民初在上海商务当编辑的这位杜先生了，刻意临摹，几可乱真。我今年暮春托人在上海找得一幅杜先生的八分书，一九四八年临《张君表颂》的立轴，连夜相对，旧梦依依，满心是人琴之恸。”

唐代杜牧诗云："青山隐隐水迢迢，秋尽江南草木凋。二十四桥明月夜，玉人何处教吹箫。"仿佛是给《大戏考》封面画题诗。

绘这张美人月下吹箫图的也是名家，叫杭稚英。杭稚英（一九〇〇年——一九四七年）字冠群，浙江海宁人。十三岁考入商务印书馆图画部，师从画家何逸梅及一名德籍设计师。民国五年（一九一六年）学习满师后，又在商务印书馆门市部服务四年，从事草图设计，洽谈印刷业务。民国九年（一九二〇年）离开商务印书馆自立门户，开办稚英画室。杭稚英善于多方面吸取新的绘画技巧，他曾向徐咏青、郑曼陀等学习水彩画和炭精擦笔水彩月份牌画的技法，又从国外商品广告以及华特·迪士尼的卡通片中吸收运用色彩的长处，使他的作品细腻柔和、艳丽多姿，受到客户的普遍欢迎。他的代表作有《娇妻爱子图》《吹笛仕女图》等。稚英画室鼎盛时期，依靠室内金雪尘、李慕白等一批画家的配合和协作，每年能完成月份牌画稿八十余幅。看到这幅吹箫图，自然会吟出唐代杜牧的名诗“青山隐隐水迢迢，秋尽江南草未凋。二十四桥明月夜，玉人何处教吹箫”。

有着这多历史积淀的好书，不得到它怎能安心。机会终于又来了，某日在淘宝网闲览闲逛，忽地这几行字跳了出来——“拍卖主题：民国十八版老唱片《大戏考》一册品好”，我的心忽地跳急了，赶紧往下看，正是我要找的那本《大戏考》，书况也理想，六十年前的老书，不能要求十分品质了。起拍价是四百元，每次加价五十元，三天后结束竞价。我看到的时候已有三人出价了，就是五百五十元了，我决定先按兵不动，到最后时刻再出手，这么做也有一个危险——届时你的电脑别出问题，还有就是你别给忘了，这方面的教训我是多次犯过。这三天时不时地盯一下标的，又有几个人出价，八百元了，便宜肯定捡不上了。第三天晚十点多钟，离结束还几分钟我出价八百五十元，马上被九百元封盖，我出九百五十元，对方出一千元，我再加五十元，一千零五十元《大戏考》归我了。接下来的事就是与卖主联系交割事宜，我选择快运（快运与快递似乎有区别）。把书款划到卖家指定的账户后，很快卖主（浙江嘉兴）就来短信告之书已快运，并告诉我快运公司的网址让我跟踪快运的进程，这些都是在网上进行的。所谓“快运”，也不是朝发夕至，我绘了“大戏考快运图”：嘉兴—嘉兴中转站—无锡中转站—北京—航天桥一部（此地离寒舍三里地），用时三天整。从发现这件《大戏考》到真实地从快递员手里接过邮包是七天的时间，而距离初识《大戏考》，已是十多年的光阴。一书之得，其难有如《大戏考》者乎。

读漫画，像洗热水澡

我写过两本专门的书，一本是谈老漫画的（另一本是老电影），所谓的“老”，是指二十世纪二三四十年代，比之早的年代我谈不来；比之晚的年代我没有兴趣。我谈老漫画完全是出于个人兴趣，手里有什么资料就谈什么，完全不顾及历史的脉络，更不理会历史的意义。我的漫画资料的收集，除了老的漫画刊物是必收的以外，文学期刊里的漫画我也不会漏掉。再后来外国的漫画我也收一点儿（这里说的均非漫画原作），最喜欢的漫画家是美国的罗克威尔，罗克威尔彻底改变了我的漫画审美，漫画不该是潦潦草草的，漫画也不该是一蹴而就的快捷产品，要用画一幅油画的工夫来画一幅漫画，而不是抽一袋烟儿的工夫就创造出一幅漫画，罗克威尔使我明白了我们与西洋漫画在观念与技法上的差异。最近的两年，先后有《欧洲漫画史：1848—1900年》与《欧洲漫画史：古代—1848年》两部专著被引进，该书巨大，黑白和彩色插图触目皆是，读起来十分过瘾。这是两部写于一百多年前的书，作者均为爱德华·福克斯（一八七〇年——九四〇年），中国读者也许更熟悉爱氏的《欧洲风化史》与《情色艺术史》，虽然喜欢看漫画的读者人数上也许更多，可是他们爱看的是轻松易懂的漫画，碰到“漫画史”这样的专著，爱屋及乌的读者也许很少。关于老漫画的专著，中国迄今为止只有毕克官先生的一部《中国漫画史》，此书初版于一九八六年，仅印三千四百册，我们能够说喜欢漫画的读者只有区区三千人么。

把中西漫画史放在一起读或者交叉地读，现在能够做到了，过去不成，二十年前我们的读书幸福指数远没今天这么高。阅读的顺序也很有意思，《中国漫画史》—《欧洲漫画史：1848—1900年》—《欧洲漫画史：古代—1848年》，我才知道欧洲的漫画史比我们长，材料也比我们过硬，虽然毕克官著书的时间比爱氏晚了八十年，叙述的历史时段（一九○○年——一九四九年）也相应晚了半个世纪，可是在摄取材料等方面，毕克官的研究条件似乎还不如他的外国同行。爱氏说："我曾列举了撰写第一卷所查阅的报刊的数量……我逐页翻阅的各种刊物达600期之多。""本书的前期准备工作持续五年之久；在此期间为此书所查阅的漫画，根据我们的统计达68 000幅之多。"爱氏感谢了私人收藏家、旧书店、旧书商、国家和城市收藏馆给予他的友好帮助，他特地提到一位"另外还应感谢的是慕尼黑的旧书商埃米尔·希尔施先生，他几乎每个小时都在向我们提供帮助。"正是因为有了这么强大的材料源泉，爱氏才可以自豪地宣称"只有通过他们，我们才在本书的各个章节中展示了相应的图片数据，使我们可以毫不夸张地说，本书是所有历史时期最有趣图片的集大成"。真的，没有哪一种史著像漫画史那样对图片有着不可或缺般的依赖。毕克官先生只在书出过十几年后说了一件事——八十年代，毕克官去某图书馆查到了极稀有的早期漫画刊物《上海泼克》，第二次再想看看，图书馆竟推说没有这本刊物。我耳闻过不少我们图书馆的作风，我没有别的办法，我从不去图书馆：不为了阅读而去，也不为了查资料而去。

中国漫画史不能像欧洲漫画史那样，专门分出一半的篇幅来论述古代漫画，不是说我们的古代没有漫画，只好说我们古代的漫画远不如欧洲发达，这是怎么回事呢，是什么原因造成这个尴尬的对比——我们的绘画史原本比之他们要长远得多，难道是我们的先人在画画的时候忘记了图画也可以用来讽刺与幽默。这个疑惑，在读爱氏的漫著的过程中，突然找到了我以为是的答案。毕克官在《中国漫画史》的结束语里谈了七点体会，第六点说到“中国漫画与报刊杂志有着十分密切的关系，因而中国漫画发展史与中国报刊发展史也有着十分密切的关系。漫画固然可通过各种管道与广大群众见面，但最经常和主要的还是通过在报刊发表而深入群众。这是由于漫画的特殊功能所决定的。漫画史上无数事例，都可以说明漫画与报纸、漫画作者与报刊编者的密切关系”。我们的报刊史比之西方的报刊史晚多少年，我们的漫画史就比之西方的漫画史推迟多少年。原来是报纸杂志影响了中西漫画史的短长，毕克官讲，发表在一九〇三年《俄事警闻》创刊号上的漫画《时局图》“这幅漫画，是迄今发现的最早的近代报刊漫画，它表明我国近代漫画的兴起至少在一九〇三年就开始了。”而在爱氏的书里，那些讽刺气质十足的漫画，大量地出现于十五、十六世纪，这些漫画都有立场鲜明的标题及针对性极强的文字说明，这些漫画或是出现在传单上，或是作为书籍的插图，更多的是发表在报纸杂志上，我们今天能够看到几百年前的漫画，几乎全部得依赖于这些老的报纸、老的期刊，除此之外，漫画没有其他的传播手段，靠原作肯定是不行的，化一为万的功能只能由传媒工具来完成。有着一百五十年历史的英国著名讽刺杂志《笨拙》，是一个了不起的刊物，它创刊于一八四一年七月十七日，该杂志以“捍卫被压迫者及对所有权威大力鞭策”著称，《笨拙》上的大量漫画在二十世纪三十年代经常被中国的杂志转载，林语堂创办的幽默小品文杂志《论语》模仿的即是《笨拙》，中国很有声望的老漫画家华君武当年给《论语》画过许多漫画，只是后来华老不愿意提这段往事。

爱德华·福克斯说，“现实生活的法则中止之处，便是怪诞事物产生之时。”他讲的是漫画的意义，在这点的理解上，中外读者没有大的差异。他还说，“读漫画，像洗一个热水澡”，这个比喻有点特别，很长一段时间里，我们强调的是漫画的战斗性、激励性，而不是漫画的娱乐性。

闲话一九三七年北平第一届漫画展

二十世纪三十年代的漫画，其实可以说就是上海、北平两个大都市的漫画，这么讲是因为这两个城市集中了当时最优秀的漫画家群，集中了当时最具水平的漫画刊物，别的地方的漫画作家也只有将作品寄到由大漫画家掌握的大漫刊，幸而被赏识发表出来，才得以出人头地，跻身漫坛。迟至一九三六年，上海才举办第一届全国漫画展览会（这也是四九之前唯一的一届），这从另一角度说明漫画即使在它最鼎盛时期也没有风靡到什么了不得的地步。上海漫展的第二年，北平也举办了漫展，然声势小，名头小，没敢挂出“全国”的旗号。有论家把北平漫展的意义定位在“由于这次漫画展恰恰在七七事变前夕，且画展内容主要是揭露日本帝国主义侵华阴谋，暴露受日本操纵的‘冀察政务委员会’汉奸走狗卖国求荣的丑恶嘴脸，因此在当时北平引起很大反响，多家报刊报道了这次漫画展的情况”。（刘光勋《七七事变前夕的北平漫画展》）我们该不该仅凭几张漫画的主题而将北平漫展的主题拔高——这似乎成为某些人的思维定式了，刘先生举孙之俊的漫画《国人速醒》作例，可是孙之俊沦陷后在北平为大量背景“不干不净”的刊物画了大量漫画，又该作何解释？最详尽报道漫展的《实报半月刊》，此刊隶属实报社，社长管翼贤，此人事变后公开投敌，乃著名汉奸，孙之俊在《北平漫画展览会缘起》中称“承实报管社长答应在实报半月刊出特辑”。（刘文在引用时似有意漏掉此句）在政治面目尚不清晰之前与政治面目清晰之后，我们是不是应该使自己下的结论更合逻辑一点儿。

说来北平第一届漫画展览会的举办，还应算归一个几个朋友偶尔闲聊聊出来的展会，似乎并无政治宣传预谋。漫展从酝酿到落实仅用时一个多月，一九三七年七月三日漫展如期开幕，原定是三、四、五日三天，但参观的人出乎意外的多，大家提出要求延期，这样延长两天（到六日、七日），由于延期的两天的展室租金要另付，临时决定由参展画家为观众现场画像，每张画像一元，这些钱用来付了租金。

参展的作品有一百三十多幅，参展作品有：陆志庠《内地妇女》，孙之俊《夏日为炎》，冯棣《仲夏夜之街头》，王石之《要是大家不打扮也许我比太太还漂亮》，王君异《故都之夜》，王城棣《战死他乡不得归》，王达仁《四年大学——回忆录》，谭沫子《欲无止境》，席与承《畸形发展》，陈志浓《拔一毛利天下不为也》，陈震《家乡》，陈封雄《希忒拉理想之国民生产军火》，张振仕《馋涎》，苏世《不花钱医病的候诊室内》等。这张“北平漫画展览会出品人之一部”的照片上的画家是（自左至右）：梁津，张振仕，孙之俊，王君异，冯棣，王城棣，刘凌沧，张启仁，王石之，麦金叶，张泰元，刘汝严，谭沫子，王青芳，苏世。而一开始参与此事的叶浅予、陆志庠、赵望云都没来得及出现在照相里。还有一张夹在《北平第一届漫画展览会特辑》（《实报半月刊》，一九三七年七月一日）的长幅漫画《我们弟兄的一部》（陈震作），也记录了北平漫展的参与画家（由右至左）：陶今也，吴震，陈志浓，谭沫子，周维善，翁传庆，麦金叶，席与承，王达富，苏世，孙之俊，窦宗淦，陈震。把

《实报半月刊》北平第一届漫画展览会特辑

照片中的人与漫画中的人对比着看，很有趣味的，或许还是我们识得画家真面目的唯一机会，的确，这其中不知名的画家太多了。王青芳的木刻很有名，他的“木刻漫画”配以打油诗，别有风格。窦宗淦，张爱玲欣赏他的漫画。冯棣，就是“朋弟”，他创作的“老夫子”多格连环漫画，最受读者喜爱，也是近年“旧人重现”的唯一漫画家。刘凌沧（一九〇七年——一九八九年）是这拨子画家里最著名者，刘凌沧幼年随民间画工学画，一九二六年入北京中国画学研究会，师从徐燕孙、管平湖，学习工笔重彩人物画，后入北平艺术专科学校学习，同时从事绘画创作，并兼任《艺林旬刊》《艺林月刊》编辑。后任教于北平艺术专科学校和京华美术学院，创作以工笔重彩为主，兼工带写，擅长历史画和仕女画。刘凌沧为北平漫展写了《前进着的中国漫画》，他说，“上面是一段南北漫画界有功的两大阵营的拓荒者的略述，至于详细的介绍，我从前曾在大公报写过。”现在的读者只知刘凌沧是国画大家，很少知道他还是老画报的收藏家、老漫画的研究者。

丁聪三十年代的电影漫画

丁聪的漫画名播天下，尽人皆知。吴祖光说过："小丁的画有他独具的特殊风格，画中每一根线条都是他小丁的，而不可能是任何一个别人的；他的风格是这么的鲜明和强烈，是这么与众不同！假如有一千幅画摆在我面前，其中只要有小丁一张画，我可以保证一眼便能把这一张画认出来。"至于为什么丁聪后来的画都属名"小丁"，这其中还有一段故事——"我开始画漫画时，签名曾用过真名'丁聪'，但繁写的'聪'字笔画很多，写小了，版面做出来看不清，写大了，在一幅小画上占了很大一块地方，看上去很不相称，于是张光宇就建议我署名'小丁'。我以为有理，就采纳并沿用至今。第二个原因是：中文的'丁'有'人'的意思，'小丁'即'小人物'，这倒符合我这一辈子的基本经历——尽管成名较早，但始终是个'小人物'，连个头儿也是矮的。"

丁聪的这段自白，倒是给了喜爱他的漫画的收藏者一个提醒，凡是属名"丁聪"的必是时间上比较靠前的。这里出示的三幅丁聪的早期漫画，有两幅属"丁聪"，《狩猎图》属"小丁"，显然是听了张光宇的劝说之后的作品，而那两幅显然是更早一些的了，你看那"丁聪"二字的签名是不是很烦琐？很不好看？很不好认？注意孙瑜和金焰脸下那个签名。虽然签名笔画多不好安置，但是，早期的作品比之晚期的作品，从收藏意义上讲，当然是愿意早而不愿意晚了，越早越少，越少越珍贵。

笔墨当随时代。丁聪漫画的题材也离不开社会大环境及个人生活际遇变迁的影响。我们看丁聪的早期漫画，从中可以窥视出一个画家成长的足迹和周围生活圈子对创作内容的折射。丁家是朋友常来常往的聚所，是非常热闹的沙龙，来客多是新闻界、演艺界、文化界的朋友……张光宇、叶浅予、王人美、黎莉莉、周璇、聂耳、金焰、黎锦晖……久而久之，耳濡目染，丁聪把漫画的主要对象就锁定在这些生活圈内的电影界的人物上了。我们从后来许多关于丁聪的老照片中也可以看到他和演艺界的明星们无拘无束、亲密无间的合影，就很容易理解为什么丁聪的早期漫画会有那么多的电影明星。不熟悉他们，何以表现他们？

韩兰根与刘继群是二十世纪三十年代影坛的一对活宝，滑稽风趣，一高一矮，一胖一瘦。到了丁聪的笔下，这两个活宝更搞笑了，一个端枪瞄准射击打得着打不着还没谱呢，另一个就忙着塞耳朵，听不得枪声响还打什么鸟猎？这幅漫画还是彩色漫画，似从未向公众展示过，弥足可珍。

另一幅四人肖像漫画：导演两人、演员两人，蔡楚生、孙瑜、郑君里、金焰。吴祖光说的丁聪特有的线条在这四幅肖像漫画上表现得并不醒目，你可以将后来丁聪的人物漫画与之相比较，还是有很大区别的。后期的人物像线条是圆润可亲的，而早期的是见棱见角十分的刚直不阿，四条汉子都只露一只眼。不告诉你，你不会一眼即知这是丁聪画的而非别人画的。

《银河星浴图》是丁聪一九三五年的作品，这一年丁聪还不满二十岁。在后来天下太平的时候，有人问到丁聪艺术修养和风格是

丁聪说他的漫画底稿荡然无存，幸赖这些老杂志替他保存着。

如何形成的，丁聪总是会一再提到当年上海滩流行的那些欧美大画报对他的影响，还有不断上演的好莱坞电影对打开他艺术创作思路的启发。丁聪学习国外漫画家的笔法和风格，但不是照抄。我们可以从丁聪早期漫画风格中依稀辨出外国某漫画家的影子。曾经见过一幅外国漫画家画的《好莱坞明星海浴图》，场面宽广，中近远景皆备，人物众多（有五六十人），色彩艳丽，有可能丁聪的中国版《银河星浴图》是受到了“海浴图”的启发。《银河星浴图》是张大型漫画，但相比于“海浴图”却只有人物的近景特写塞满画面，缺少景深、海滩，亦无广阔无垠之感，只有几把遮阳伞放在一个角落里点缀着。身着泳装的男女影星分别是（从右到左）：孙敏、宣景琳、顾兰君、顾梅君、舒绣文、郑小秋、叶秋心、胡蝶、黄耐霜、龚稼家、梅熹、徐来、王献斋、高倩苹、高占非、严月闲，共十六位，五男十一女。这其中现在的读者比较熟悉的是“标准美人”徐来，“影后”胡蝶，在重庆时期被誉为“四大名旦”之一的舒绣文。也只有非常熟悉旧时影星人物的相貌体态的读者才能一一分辨他（她）们，并准确而无张冠李戴地一一对号入座。右下方托腮的是舒绣文，中间上坐者是胡蝶，徐来我也能认出来，坐在两个指手画脚大开玩笑的男星下面撑着胳膊的女子便是。隔了不算久远的七十载岁月，星光灿烂已化为往事如烟，今天我们只能从丁聪的漫画中，依稀感觉旧日电影人物曾经拥有过的光环和喧哗。

一九四二年蒋兆和与《流民图》在上海

复刊后第二号的《杂志》（一九四二年九月）刊出了一篇杂志社记者（吴诚之）采写的《蒋兆和在上海》的报道，并随文刊出了两张图片。这两幅图片背后的意义皆非一般，蒋兆和的油画处女作《黄包车夫的家庭》在一九二九年上海举办的“全国美术展览会”上，引起了美术界的注意，徐悲鸿给予蒋兆和很大的赞许，鼓励他“在艺术上要走写实的路”。正是这幅画，奠定了蒋兆和成名的道路，也坚定了他一生致力水墨人物画创作的艺术原则。周作人对蒋兆和的画也有好评，他在比较丰子恺与蒋兆和画的阿Q时说，“阿Q近来也阔气起来了，居然得到画家给画像，不但画而且还有两幅。其一是丰子恺所画，见于漫画阿Q正传。其二是蒋兆和所画，本来在他的画册中，在报上见到。丰君的画从前似出于竹久梦二，后来渐益浮滑，大抵赶得着王冶梅算是最好了，这回所见虽然不能说比护生画集更坏，也总不见得好。阿Q这人，在正传里是可笑可气而又可怜的，蒋君所画能抓到这一点，我觉得大可佩服，那一条辫子也安放得恰好，与漫画迥不相同。”（《关于阿Q》）

《杂志》上的这幅《车夫》也是黄包车夫题材，但已不是油画，不变的是一以贯之的“底层人物”代言画家蒋兆和。另一张不是画而是照片，是蒋兆和一九四一年九月在日本东京举办画展时的留影，

海上在和兆蔣　　(148)

蔣兆和在上海

記者

我第一次看到蔣兆和先生的畫，是在新中國報的副刊「學藝」上。那是幾幅人物素描，每一個人物都栩栩欲生，可以說把人物的個性完全表現出來了。我是不懂美術的，但直覺地覺得蔣先生的畫實在可愛。

大約在一個多月以前，聽見朋友說，北京畫家蔣兆和先生在上海，後來打聽得了地址，於是便在一個悶熱的下午，到霞飛路去訪問他。

會見蔣先生的地點是在他的一個朋友的公司裏，我代表本刊向蔣先生要幾幅不曾發表過的作品，在本刊的圖畫頁上發表。蔣先生是一個中等身材的中年人，[illegible]

搖着蒲扇，很隨便，也很灑脫。

爲了要多鑑賞他幾幅畫，他邀我到他的旅舍——聯藝飯店去坐一回。在路上，我請他爲本刊寫一點東西，關於他的藝術見解和藝術生活的。蔣先生很謙虛，說由自己來寫，總覺得不大好，他又說明年秋天也許要到上海來開一次展覽會，那時可以寫一點。

我和另一位朋友坐在聯藝飯店靠窗的桌子旁，一邊喝着鮮橘水，一邊望着窗外的驕陽。一回兒蔣先生挾着他的人物畫第一集來了，對我說，他的藝術見解在他的自序中可以窺見一二。我便讀了一遍，才知道蔣先生的畫是融合中西的畫法於一爐的，作畫的紙，墨，筆，[illegible]

蒋兆和的传世之作《流民图》在上海展出后厄运踵至，最终落败为残卷。

在占领国日本举行个人画展，成了蒋兆和人生的“争议点”，巨变的时代必然留下仓惶大遗憾。蒋兆和几十年后在回忆《流民图》时说过一番似辨似怨的话：“如果我去了法国，我画不出《流民图》。如果我去了延安，我画不出《流民图》。如果我去了重庆，我画不出《流民图》。《流民图》是只有在沦陷区才能产生的作品。”动乱年代似乎较和平时代更适宜产生伟大的作品，“国家不幸诗家幸”自有它的道理，不然无法解释蒋兆和与《流民图》，还有同一时期的张爱玲与《传奇》。

在这次采访后，《杂志》与蒋兆和建立了良好关系。一年后，在北平遭到禁展的《流民图》到上海来展出，何曾料到，这次展览使得长二十七米，高二米的巨作《流民图》遭遇到了比禁展更可怕的万劫不复的千古遗恨。展了一星期，《流民图》被一强权者“借”走，这一“借”，从此就再没还回来。（一九五三年，《流民图》神奇地出现并回到蒋兆和手里，不幸的是，二十七米的长卷只剩下一半约十四米的残卷了，另一半至今下落不明。）幸而蒋兆和在画卷完成后印制了五十套照片，并留下十张玻璃底版，才为以后的补画和复制留下可能。在当年，《杂志》连续两期刊出全卷本《流民图》，成为最早刊登这幅名画的刊物，其珍贵的资料性不言而喻。《杂志》在图片上标示的是“后流民图”，我对这个“后”字一直不解，为什么要加这个“后”字，为什么别的资料上说到《流民图》没有这个字？其实答案就藏在《杂志》的“杂志信箱”里，这个版面用的是最小号字体，读起来非常费劲，没有耐心一字一字读完。当年也有一位读者（苏州的李竹先生）和我有一样的疑问，“杂志信箱”作答：“宋朝的郑侠曾作流民图，本刊前载蒋兆和先生的后流民图就是指继郑作流民图而作的，故称后流民图，所以只有郑侠的流民图，并没有什么‘前流民图’。”

读《中国现代通俗文学史》之《觅照记》

一九九四年六月二十三日，中科院文研所卓如研究员在杨义的《中国新文学图志》的“推荐意见书”中说：“全书有文一百余题，图五百多幅，均为原版书刊复制的画面。这些原始材料，读者已很难见到，因而具有文物价值和收藏价值。”他还说：“本书的作者，以图文结合，由图说史，别开生面，是一种新的尝试。”意见书末了，又说：“由于插图多，印制难度大，建议给予出版补助。”十几年时间，许多事情发生了变化，图文书成了潮流，很有一些过去没图的书重新加上图，“摇身一变”让人以为是本新书，最近的一例是李楠的《晚清、民国时期上海小报研究》（二○○五年九月初版“猫头鹰学术文丛”之一），没图，我在书评中还不无遗憾地说：“如果说这本书还有什么缺陷的话，或者说还有什么可扩充的空间的话，插图（小报书影）的缺席，无疑影响了读者的阅读兴趣，不能认为这本书是学术性的专业书就可以完全忽视图片的作用，二十年代戈公振的《中国报学史》就没有忘记插图，数量多而且有的是彩图。此类书最适宜作‘图文书’（当前当然须注意图与文的比例，谨防‘过犹不及’），一点不给‘图’的位置，会失掉相当一部分读者的。”一日逛书店，突然看见李楠著《晚清民国时期上海小报（插图本）》（二○○六年九月第一版），同一出版社，前后仅隔一年，均称“第一版”，书名变了几个字，内容一模一样，后一本加了一百多幅图（出版社管这叫“上海小报老照片”，不对，不是照片，明显是复印件），就这样，两本我都买了。此事启发了我一个想法，一本书先不出带图的（能带也先不带），看看动静如何，再出带图的，一鱼两吃，效益最大化。

上面是话引子，现回到本题。《觅照记》是范伯群新著《中国现代通俗文学史》（北京大学出版社，二〇〇七年一月第一版）的后记，之所以把“后记”单拈出来说事，容我细谈。没见到书之前，我还以为此书与原来那本《中国近现代通俗文学史》（江苏教育出版社，二〇〇〇年第一版）是一回事（两书书名仅差一个“近”字），这次不过多个“插图本”而已，其实不完全一回事，后者是范伯群主编、多人合撰，而新著乃范伯群独立完成（“我的规划是，一是要自己独立写出一部晚清民国的通俗文学史。我过去主编过通俗文学史，但主编与自撰是不同的。”——《觅照记》）关于此书（包括前面那本）已有多篇评论见诸报端，某报还做了一次专版，众论家均把焦点聚在此书的学术意义，我于二〇〇二年五月十三日也写过一篇书评，赞同范教授主张的现代文学史“双翼展翅”的理论探讨，现在大家说的仍是同一个意思。两本书的“后记”都很有意思，都很长，都很像是范教授的“细说原委”，甚至连这样的内情也坦露出来——“但这次我不得不痛下决心，哪怕我为此而倒下去，也得争这口气：‘没有你，我们就不活了吗？’当我开始动笔后，我只是悄悄地向一位‘老学生’交代‘后事’：如果我为此而倒下，你得出来说话。在‘师兄弟’之间难道就不能有‘道德法庭’吗？”（《中国近现代通俗文学史》后记）经历了那次惨烈的“主编与合撰”的教训，范教授决意自己单独完成《中国现代通俗文学史》（插图本）——这仅是我的猜测，插图、插图、插图，范教授用似乎最趋时最简明的方式与先前的那本“通俗文学史”和平分手，同时也弥补了前书无图的缺憾。

给书添图片，时下有太多的不文明行为，其中使用最多的手段是“扒”——我不说“偷”不是因为我不气愤，而是已经无可奈何了。我气愤，是因为我自己拍摄的图片被扒得太肆无忌惮了，个人扒，出版社扒，名出版社扒，电视台扒，电视剧扒（扒得很可笑，把画报去掉报名充当海报再充当剧情背景）。于此，举一恶例：获得五项赞助（“国家社会科学基金项目”“教育部人文社科研究‘十五’规划项目”“山东省社会科学规划研究文丛重点项目”“山东省教育厅人文社科研究基金”“青岛大学人文社科出版基金资助项目”）的《中国现代文学期刊史论（1915—1949）》（新华出版社，二〇〇五年十一月第一版，刘增人等著，十六开大本，六百七十多页），书前面的几十幅期刊书影图片竟有半数之多取自笔者的小书《创刊号风景》，瞧作者怎么说的——“在拙著中穿插百幅左右精美的文学期刊创刊号的封面作为插图，一直是一个美丽的梦想。但由于种种原因，现在只能这样处理……需要特别说明的是，书中插图，有许多是从谢其章先生的《创刊号风景》等著作中翻拍的，只是翻拍技术太差，远不如原著的精彩生动[1]”（《中国现代文学期刊史论》结语），真的如刘教授所说“此事古难全，何况我辈凡俗”的一图难求吗？这么大的一本书怎么会困难到屈尊使用私人的图片之地步？你事前跟我打招呼了吗？事后最起码送一本样书了吗？黑不提白不提。

说实话，没看到范伯群新书之前，我是想着这书也难免不被扒吧？及至把书中的三百多幅图一一查证，我彻底服气了，范教授比

1　谢注：我花一千元请专业的人拍的，当然了。

上面那位磊落得多，同样有赞助，那位把赞助用哪去了？范伯群把公立图书馆作为摄取图片的主要来源地（公立图书馆本来具有向读者研究者提供图文资料的职能与义务，虽然它的服务与某些收费，一直有议论）——“专款专用”，而不是图省钱图省力地扒私人图片，他说：“这一次，我希望尽量能用杂志创刊号的封面（除非万不得已，才用其他某期顶替）”“有时候跑一趟图书馆就是为找一张创刊号的封面”“1914年出版的《礼拜六》并不难找，可是走了几个图书馆就是找不到‘品质’较好的创刊号封面，徒叹奈何。”鄙著《创刊号风景》就有一张十品的《礼拜六》创刊号书影，我以为范教授能看到的，他不用，他有他“觅照”的原则——，君子爱图，取之有道。之所以对图片问题如此计较，实在是因为图片已不再是一本书的附庸，它的地位在往上升（与文字平起平坐亦非妄谈）。李楠说：“大约是在四年前，那时候，我天天到位于淮海中路的上海图书馆去翻阅小报，常常会碰到他（范伯群）在阅览室里正襟危坐，埋头研读发黄变脆的旧报刊。这就是他所说的‘觅照’‘觅图’岁月的一部分吧。他借阅资料的数量大，为了节省从复旦大学到上海图书馆每天来回奔波的这点儿时间，他索性住到附近一家廉价的招待所，白天钻进故纸堆里翻腾，晚上回到旅舍整理资料……他根本不像一位七十多岁的老人。”（《钻进“故纸堆”，不知老之将至》）再想想一九九四年，杨义先生为了使图片（当时是复印件，还不是照片，更不是扫描件）对得起读者，自己动手的情景——“而在别一方面，我和我的妻子又备尝工匠之苦……由此复制出来画幅，插图中的美人往往脸色有如包龙图，把这样的画面交给出版社，献给读者，实在是怠慢了。除了向作家及其哲嗣，以及装帧家征集洁净的珍藏本复印件之外，唯一的办法就是把家庭改作修画作坊。于是买回了十几把锋利的刮刀和十几枝粗细各异的笔，把模糊的线条描清，把不应有的斑点刮去，复印——修改——再复印，慢慢地对这门工艺也摸出一些门道来了。……经常每天上一次复印商店，隔三岔五给画面施整形术就是通宵……妻子笑道：将来你的文稿没人要的时候，总算还学到一种挣饭吃的一技之长——给人修画去。”（《中国新文学图志·序言》）

《觅照记》无意中透露了一个秘闻。藏书家阿英（一九〇〇年—一九七七年）身后，他的藏书捐给了家乡芜湖图书馆，图书馆专门建立了阿英藏书室，好像即完成了任务，从此却全无下文——阿英藏书目录的编辑，藏书的利用，等等。这回，范伯群透露了冰山之一角——“这里只举芜湖图书馆阿英藏书室为例。该藏书室虽只有一间房，可是大多是近代文学的珍本与善本书。插图本中的许多好版本的封面大多是得益于阿英藏书室。例如本书正文中提及的一九〇四年六十四开本李伯元《官场现形记》‘口袋本’，黄小配（世仲）的《洪秀全演义》以及清末出版的《经国美谈》、《黑奴吁天录》等堪称珍本的书均是见诸于这间藏书室之中。……有了这些珍本与善本书的支撑，这本插图本的近现代书刊的封面图像就提升了一个等级。”而我看到的等级差别，不只局限在图像的正面，折射到背面的光远不够明亮。

唐弢早期书话

唐弢在《晦庵书话》的序中说过的关于书话的散文因素的“四个一点”那段话，被作文者引用的近乎滥了，倒是另一段话似乎很少有人注意，唐弢的那段话是——“除原来的《书话》外，本书又收录了《读余书杂》、《诗海一勺》、《译书过眼录》和《书城八记》等四个部分。前三个部分是全国解放前为书报杂志包括《万象》在内而写的书话。”这里说的《书话》是一九六二年出版的，比较好找，而一九四九年前的报纸杂志就不那么容易找了。也不知从什么时候有的念头，我想找找四九前原载唐弢书话的刊物（报纸上刊载的书话应该比期刊多，《文汇报》又似最多，我不太收旧报纸，只存有二十世纪五六十年代《人民日报》文艺副刊上的唐弢“书话”。）唐弢写书话最早刊载的《万象》杂志（一九四四年），我存有，也写过；《文艺春秋副刊》（一九四七年）是一本小型杂志，上面也有唐弢书话，我也写过。《文艺复兴》杂志（一九四八年）的《中国文学研究专号》刊有唐弢《新文艺的脚印——关于几位先行者的书话》，我还没来得及写。我是准备找到一种写一种，把这事做下去，这事没大意义，但我就是感觉有意思，这里最先要说的是《幸福》杂志中的唐弢书话，比起上面的几种刊物，《幸福》的知名度低得很，它在现代文学期刊史上属于无名之辈。我买《幸福》时没遇到什么像样的抵抗，所费无多。

一 《幸福》杂志中的唐弢书话

《幸福》一九四六年四月创刊于上海，小三十二开本，每期九十页到一百二十页不等，封面艳丽，出到第二十六期终刊，这一期的封面由麦杆设计，开始的内容比较杂，越到后面文学作品越多，是本以文学为主的综合刊物，作者有赵景深、施济美、刘北汜、施蛰存、孙用、姚雪垠、刘盛亚、钟子芒、石琪、戈宝权、王统照、李白凤等。主编沈寂，当时才是二十出头的文学青年，写有多部小说，已小有文名，被称为“四十年代后半期上海文坛浪漫主义小说的主要代表”。我过去藏有《幸福》，还藏有几本《幸福世界》，一直没把两者连到一块，直到读了陈青生的《年轮——四十年代后半期的上海文学》，才明白它们是同一种杂志。陈青生在书里有一条注解——“据沈寂先生说:《幸福》出版最初的两期后，被从大后方返沪的刘以鬯看到。刘以鬯早先在大后方也办有同名期刊，有政府颁发的出版许可，并有意在抗战结束后迁沪续出该刊，故托人告知沈寂。按当时政府的有关规定，刘以鬯的《幸福》获准登记出版在前，如在沪续出，沈寂主编的刊物便不得使用该名。为此，沈寂便自第三期起将刊物易名为《幸福世界》。不久，刘以鬯认为沈寂的刊物办得不错，便打消了在沪续出《幸福》的念头，且托人告知沈寂。沈寂遂从第六期起又恢复了《幸福》刊名。刘以鬯以后也成为《幸福》的主要作者。”

这条注解有一点与实际情况不符,《幸福》从第三期改称《幸福世界》是对的，但“沈寂遂从第六期起又恢复了《幸福》刊名”就不对了，是迟至第二十期才改回《幸福》的，也就是说，这本杂志的一至二期，二十至二十六期为《幸福》，三至十九期为《幸福世界》。还有一细节不为人知，三至十九期的《幸福世界》中有几期的封面只有“幸福”而无“世界”字样（虽然在版权页注明是“幸福世界”，但出版者的用意很显然的。）还有的是把“世界”写得很小，不注意就以为是本叫《幸福》的刊物。期刊的版本历来不受重视，不得不多加小心。

唐弢的书话发在第二十三期（一九四八年十二月），是四则短小的文章——《自费印书》《旅程》《王一榴插画》《浮斯德献诗》。这四则书话除了《王一榴插画》，后均收入《晦庵书话》，《自费印书》题目未变，《旅程》在篇名上加了书名号，“浮斯德献诗”改为“《浮斯德》献诗”，过去老的排版对书名号比较马虎，可用可不用，不用的话，有的地方就令人糊涂，如《自费印书》最后一句“我藏有学文数册，他日有便，当将海盗船借归，就野狗异同，细细校勘一番也”。这里面应该有三个书名号，旧书刊版本熟悉的读者不至于被难倒，为难的是不太熟的读者。《自费印书》的文字收书时，唐弢做了不少改动，可以看出这些改动的目的是为了适应现在读者的阅读水平，古僻生字都改没了，句式尽量向白话靠，唐弢书话的风格是从古书题跋那里转承下来的，改来改去，离题跋远了，离散文近了。

《旅程》收入《晦庵书话》时也像在《幸福》初载时一样，排在《自费印书》后面，这两篇书话很可能是前后脚写的，拆开就不妥了，因为第一篇有云“昨于巴金案头，得见孙毓棠所赠海盗船一册，亦为自费印行者”。而第二篇开头就是“巴金又藏有邵冠华旅程一册，亦由作者自费印行”。如果两文不紧挨着，那个“巴金又藏有”的“又”字就显得多余了。

《浮斯德献诗》收书时文字亦略有改动，标点的改动有一处很是典型的搞笑，原文是“令人兴西施嫫母之叹”，改成“令人兴西施、嫫母之叹”，多了个顿号，大谬，不会是唐弢先生改的罢，很像是编辑干的，他怎么不把此句前头的“判若天壤”改成“判若天、壤”？如果不对照初刊本，只读现在的，很可能冤枉唐先生的。

《王一榴插画》，我没在《晦庵书话》里找到。[1]写到这，牵出一个想法：集合大家的力量，能不能编一本收集齐全的唐弢的书话集子？这不该是很难做到的事，也许就是很难做到的事。

二 《新文艺的脚印——关于几位先行者的书话》

唐弢在《晦庵书话》的序中说，“除原来的《书话》外，本书又收录了《读余书杂》、《诗海一勺》、《译书过眼录》和《书城八记》四个部分。前三个部分是全国解放前为书报杂志包括《万象》在内而写的书话。那时的情形是，随手买到一本，随笔写上几句，兴之所至，根本谈不到什么预计与规划。因此有的作家一谈再谈，有的作家没有提及——这一点并不代表我的主观的好恶。”有一回，唐弢写作书话时不像上面所说的“根本谈不到什么预计与规划”，而是很是规划了一番，这就是发表在《文艺复兴》杂志“中国文学研究号（下）”的长篇书话：《新文艺的脚印——关于几位先行者的书话》，说它是长篇因为它是由二十二篇“书话”组成的（约一万七千字），用二十二篇书话纪念二十二位逝去的新文艺作家，这方式，是唐弢先生的方式，没有第二个人这样做过。书话，一直被学界看作闲花野草一路的货色。

《文艺复兴》是抗战胜利后最重要的文学刊物，由郑振铎、李健

1　谢注：二〇〇八年二月十三日案，此文后收入《唐弢文集：序跋·书话卷》。

吾主编，钱锺书的名著《围城》最初就是在《文艺复兴》连载的。一九八二年李健吾回忆道："《文艺复兴》这份杂志，是日本投降后，上海方面出的唯一大型文艺刊物，也是中国当时惟一的大型刊物。现在中青年可能知道它的人怕是很少了。倡议者是1958年在苏联空中遇难的郑振铎先生。他个子高，兴致高，嗓门高，气派也大，人却异常忠厚。他的太太经常作福建菜给客人们吃。……解放后，有一次不知道是在什么场合，周扬同志忽然谈起了《文艺复兴》，说这份杂志只有两个人编，大家应该向他们取经嘛。"李健吾还回忆，《文艺复兴》无所谓编辑部，他和郑振铎的家就分别都是编辑部。

除了正刊之外，《文艺复兴》还出过"中国文学研究号"，分上中下三册，上册一九四八年九月出版，中册是同年十二月出的，而下册出版的时候上海已经解放了（一九四九年八月），编辑人员除了郑振铎、李健吾，第一回出现了唐弢的名字。郑振铎是现代文学期刊史上三大名刊的亲历者，巧的是，这三大名刊所出"文学研究专号"，郑振铎都是主事者。二十年代的《小说月报》第十七卷以"号外"的形式出了《中国文学研究专号》（上下两册），郑振铎是该刊主编；三十年代大型刊物《文学》的第二卷第六期是《中国文学研究专号》，而郑振铎也是该刊主编，专号前面有"文学画报"，刊出大量"明刊戏剧书影"，这些图片很有可能出自郑振铎私藏。在《文艺复兴》专号的"题辞"里，郑振铎回顾了前两个专号的启蒙意义及深入性、专门性的切实研究成果，跟着他就提出了新的专号所面临的新的研究方向和新的课题。读了"题辞"再看过专号的篇目，唐弢的书话实在是无关宏旨的，跑了题的，时代最近的，唯一的论"今"之文。早在专号（下册）出版之前，郑振铎已到了北平，忙碌着新中国未来的文化创建——那里有许多比一本杂志重要得多的事情。

《文艺复兴》杂志书影

新文藝的脚印

關於幾位先行者的書話

唐弢

自選集的由來

趙景深以最近刊期「青年界」見惠，裏面有魯迅給李小峯信三十六通，都是書簡裏所不曾收的，景深之意，大約是因爲我曾編過「魯迅全集補遺」，對此不免關注。而我却還有一點意外的收穫，覺得這些書簡，對「書話」也大有幫助，例如一九三三年一月二日的一封信說：

書信集出版事，已與天馬書店說過，已經活動，但我尚未與十分定實，因我鑒於「二心集」的覆轍，這地步是要留的。

現在不妨明白的說幾句。我以爲我與北新，並非「勢利之交」，現在雖然版稅關係頗大，但在當初，我非因北新門面大而送稿去，北新也不是因我的書銷場好而來要稿的。所以至去年止，除未名社是舊學生，情不可却外，我決不將創作給與別人，「二心集」也是硬扣下來的，並且因爲廣告關係，和光華交涉過一回，因爲他未得我的同意。不料那結果，却大出於我的意外，我只得將稿子售給第三家。

不過這事情已經過去了，北新又正在困難中，我倘可以幫忙，自然仍不規避，但有幾條，須先決見示——

一、書中雖與政治無關係，但開罪於個人（名字自然是改成謎語了）之處却不少，北新應及有害否？

二、因爲編者的經濟關係，版稅須先付，但少取印花，賣一點，再來取一點，却無妨。

三、廣告須先給我看一遍，加以改正。

四、因爲我吃了版稅而又將書扣住了，所以以後必須將另一作品給與天馬書店。

以上四條，如北新都可承認，那麽，可以付北新出版了，但現在還未抄完，我也得看一過，所以交稿就必須在陰曆過年之後了。

於此知道「兩地書」本來是打算給天馬出版的，因爲小峯要他幫忙，這才收了回來，準備把另一作品給與天馬。這另一作品是什麼呢？先是「五講三噓集」，後來因爲內容開罪上海文人的地方太多，恐怕累及書店，而且天馬催稿甚急，整理費時，就改爲「魯迅自選集」了。「自選集」出版於一九三三年三月，收小說散文等二十二篇，計「野草」七篇，「吶喊」五篇，「彷徨」五篇，「故事新編」二篇，「朝花夕拾」三篇，正是所謂「將材料，寫法，略有些不同，可供讀者參考的東西」集在一起，對於初學寫作的人，是十分方便的。卷首另插照相一張，墨蹟一張，「序言」一篇。這篇「序言」，對於研究魯迅的思想和作品，有着極大的幫助。繼此之後，天馬又出了茅盾，郁達夫，周作人的自選集。樂華繼起，出了郭沫若，張資平，王獨清的自選集，一時自選之風，大爲盛行，推究根源，却是從小峯要出「兩地書」開始的，此種故實，倘非看到書簡，那就無從知道了。

瞿秋白

相傳瞿秋白殉難時，有絕命詩，集唐人句成一絕云：

夕陽明滅亂山中，
落葉寒泉聽不同；
已忍伶俜十年事，
心持半偈萬緣空。

— 352 —

唐弢《新文艺的脚印》版面

《新文艺的脚印》全部二十二个小题目抄在下面，括号里是“先行者”的名字（题目已明示的不再加注）：

《自选集的由来》（鲁迅）

《瞿秋白》

《以身殉道》（柔石）

《丁玲的丈夫》（胡也频）

《梁遇春》

《朱湘书信集》

《文人厄运》（罗黑芷）

《走向坚实》（许地山）

《朱自清的文体》

《革命者，革命者》（闻一多）

《〈沉沦〉和〈茑萝〉》（郁达夫）

《释〈幻灭〉》（王以仁）

《撕碎了的〈旧梦〉》（刘大白）

《半农杂文》（刘半农）

《诗人写剧》（徐志摩）

《女作家黄庐隐》

《文学家中的教育家》（夏丏尊）

《新闻学者》（谢六逸）

《乡土文学》（王鲁彦）

《今庞统》（彭家煌）

《蒋光赤哀中国》

《〈长安城中的少年〉》（王独清）

此二十二篇书话有二十一篇收入《晦庵书话》，唯一未收的是讲王独清的《长安城中的少年》这篇，[1]题目改的有：《瞿秋白》改为《绝命诗》；《梁遇春》改为《两本散文》；《丁玲的丈夫》改为《丁玲和胡也频》；《朱湘书信集》改为《诗人朱湘》；《朱自清的文体》改为《朱自清》。改变题目的原因有的很容易理解，前两个题目为何这么改不好理解。

在《瞿秋白》的结尾，唐弢这么判断："此诗隐含讽喻，颇疑其有所实指。与所传绝命诗相较，没有那种空渺，执此而论前诗，断为非秋白集句，或亦不无见地也。"而到了《绝命诗》，口气变成："这诗隐含讽喻，疑其有所实指。与所传绝命诗相较，虽然文言白话，两不相同，但没有前诗里那种空茫的感觉，却是十分显然的了。"好像不再怀疑绝命诗"非秋白集句"了。另外，把"秋白虽以书生而出主政事，然勤敏利达，要非捏笔杆子的朋友所能望其项背！"改作"他以书生从事革命，而勤敏练达，气魄博大，要非捏笔杆子的朋友所能望其项背！"就不能说改得好，不改又何妨，我喜欢唐弢先生过去的文风。注意这些改动多了，就是没看到原文的样子，也大致揣摩得出哪些是新时代才说得出来的话语，新社会有可能说旧社会的话，旧社会不可能说新社会的话，整旧还应如旧，一新即假。

《撕碎了的〈旧梦〉》改删尤多，自"简直和小学生字典一样"至"原来，大白本名金庆棪"一段是新写，删去了很重要的关于几个版本要素的话，当然所引周（周作人）序的几句话更要删了，末句"细读《旧梦》，的确使人有这样的感觉"加上此文最后一长段（也是新写），完全由原来的版本趣味变为现在的对刘大白这个人的

1 谢注：二〇〇八年二月十三日案，此文后收《唐弢文集：序跋·书话卷》。

评判，连“既据要津，渐忘来路”也是从鲁迅那生剥来的。读这样的书话，很容易使好感一点点消减。此文最后原是“但此书绝版已久，颇不易得，月前见之于河南路书摊，摊主固不识书，但能辨人，知道我喜欢藏书，认系珍籍，遽索高价，贵出他人数倍。平时交易，虽常书不免，亦可恶也”。买书人与卖书人原本即是欢喜冤家，唐弢这番牢骚早一辈的藏书家谁没发过，黄丕烈、周越然发的骂的均白纸黑字地留到了现在。周肇祥所著《琉璃厂杂记》里，这样骂人的话太多了，他甚至愤愤然写道：“厂肆俗估，性质几如一母所生。稍数过之，则鬼蜮无所不至，一经拒绝，则又腼颜相就，纯是一种诈伪行为。或谓若辈身有贱骨，投之豺虎，亦所不食。其言虽奇，亦可见其恶习之入人深矣。”另记：“英古徐估狡诈，陶氏弟兄愤而欲殴之，此前年事也。”另如：“故有多家，入门见其人即作呕……其言龌龊不可闻……余尝言谓若辈直须饿死乃干净耳。文墨之林而厕此竖，金盆盛狗矢矣。”简直就是破口大骂了。时代是变了，但人性不会改变，唐弢先生真是多虑了，修整得越干净，离真实越远。

花一点时间比较作家旧文新刊后的修改增删等细小之处和微妙之处，难说有多大的意义，还会招人讨厌，可是你不知道这事多有意思，当然这事不是版本学所谓的校勘，只是属于个人阅读趣味。

三 《时与文》中的唐弢书话

抗战胜利后，上海出现了很多时事政论性刊物，最有名的是《周报》《观察》《民主》几家。这些刊物多为一周一期，时效性强，能及时报道和评论重大事件。还有一个特点，它们的制作大多粗糙，外封和内页用一样的纸，读起来其实就像读一份折叠的报纸——只不过外形是期刊的外形。在这样严肃的期刊里，编者并没有忘了使用文艺的手段来消减长篇大论带来的沉闷感，版面的美化同样也缺少不了文化小品。多少年以后，时事最先褪了色，政论的锋芒刺伤了自己，唯有文化存活得不错。《时与文》杂志在刊名上直接表达了这种综合性，但是它也没有改变文化是政治的点缀物和政治附属品的格局。

《时与文》总出七十一期，历时一年半（一九四七年三月至一九四八年九月），而刊有唐弢书话的只有三期，此外唐弢还写了几篇杂文。这三期书话一期写郁达夫，一期写的是《“新月派”》和《朱湘诗集四种》，另一期写的是俞平伯。写郁达夫的一篇设三个小题：“沉沦”“茑萝”“达夫全集”，收入《晦庵书话》时前两个小题并为一个“《沉沦》和《茑萝》”，而《达夫全集》一文是作为集外文收入《唐弢文集：序跋·书话卷》的。《“新月派”》改题《新月诗选》，收《晦庵书话》，《朱湘诗集四种》不知下落。在此说一句，唐弢书话的书影图片在《书话》《晦庵书话》《唐弢文集》里是不一致的，有的，文章原来没图后来有了，有的原来是一幅，后来又多加了一幅，还有的是换了图片（譬如《〈域外小说集〉》的图片，三本书三个样）。

写俞平伯的一篇是两个小题：“俞平伯散文”“《冬夜》”，收《晦庵书话》时分搁两处了，题目未变，文字稍有改写。唐弢当年写道：“平伯有诗集曰《冬夜》，曰《忆》，曰《西还》，此后真的不曾再出诗集。《忆》在前面已经读过，《西还》一集，至今未得。萧缩寒斋，固是书海一夕而已。”收书时改了，因为唐弢先生后来收集到了《西还》，并且写了一篇题为“颇近于温、李一路”的短文；一同被改掉的还有唐弢先生当时低回的心绪。有人建议文后应属写作日期，是有道理的建议。

关于俞平伯的散文集《燕郊集》，唐弢说过一段话："除收良友文学丛书，用冲皮面装订外，另有一种特印本，纸面平装，由平伯自署书名，饰以黑色直条。平伯字本秀丽，年来更趋平实，用作书面，淳朴可喜。此本内容与丛书本无异，唯丛书本印刷不佳，间有阙字，此本则完全补足，且所用道林纸质纯色白，远较丛书本之米色道林为佳，友人黄裳亟称之。"《燕郊集》特印本，我的友人于二〇〇五年六月在琉璃厂旧书店买到过一册，告之姜德明先生，姜先生说他没见过这书。我们这一代爱书人都以为"良友文学丛书"够好了，谁知道这种米色道林纸还不够好。周作人也说过："此种纸微黄而光滑，便于印锌版，出于日本，在彼地则不用于印书，只供广告传单之用，不知来中国后何以如此被尊重，称之曰米色纸，用以印精装本，此盖始于开明书店，旋即泛滥全国矣。中国为印书最早之国，至今而忘其经验，连一张纸的好坏亦已不能知道，真真奇事也。"(《印书纸》，一九三九年一月）我不知道俞平伯做特印本的初衷，巧合的是，在这套丛书里周作人的《苦竹杂记》，也出过特印本，但不如《燕郊集》"特"得彻底，封面是周作人自署书名，但里面瓤子与丛书本一样一样的，还是周作人痛恨的那种米色纸。

四　鲁迅书话六章

我以前说过："也不知从什么时候有的念头，我想找找四九前原载唐弢书话的刊物（报纸上刊载的书话应该比期刊多，《文汇报》又似最多，我不太收旧报纸，只存有二十世纪五六十年代《人民日报》文艺副刊上的唐弢书话）唐弢写书话最早刊载的《万象》杂志

（一九四四年），我存有，也写过；《文艺春秋副刊》（一九四七年）是一本小型杂志，上面也有唐弢书话，我也写过。《文艺复兴》杂志（一九四八年）的《中国文学研究专号》刊有唐弢《新文艺的脚印——关于几位先行者的书话》，我也写了。我是准备找到一种写一种，把这事做下去，这事没大意义，但我就是感觉有意思。”在《文讯》中发现载有唐弢（风子）的书话，当然是要写出来的。

这几年，接连在旧书店淘得《文讯》杂志，且经常是“文艺专号”，便注意起这份杂志来。后又幸运得到了它的终刊号（也是“文艺专号”）第九卷第五期，另外还得到了第五卷第一期（本期是“风物志专号”）。“风物志专号”买来时极肮脏，换个有洁癖的人就放弃了。我把封面拆下来放进水盆里煮开（放一丁点儿洗衣粉），浸泡半小时，再用清水漂一遍，像一块脏石头洗净后焕发出美丽的本色，封面在清水的盆底突然显现出悦目的色彩。我修整过无数的封面，这一张还原的效果是最好的。

更令人愉快的是《文讯》，入手后没多久，接连读到了两篇谈《文讯》的大作，使我对《文讯》的有限了解立马丰富起来，真该感谢那些挖数据、写数据的研究者。一篇是陈江先生的《谢六逸在贵阳文通书局及其晚年》（载《出版史料》二〇〇五年第二期），另一篇是张国功先生的《贵阳文通书局的历史与启示》（载《博览群书》二〇〇四年第十一期）。陈江先生说：“笔者在去年秋天编完了编辑家谢六逸的长篇年谱，采用近似‘长编’的格式，突出学术数据性，尽量地在寂寞、耐心、韧性中钩沉到的史料多加摘录，便于有心人采撷。”陈先生真是为他人着想，谢谢了，我马上就用上了几条。

《文讯》由谢六逸主编，一九四二年创办，由贵阳文通书局出版发行。“《文讯》月刊共出9卷55期44册，为西南一地，为抗战中的

中国出版业涂抹了异彩耀眼的一笔。”（张国功语）

谢六逸，《文讯》，文通书局，串成现代文化期刊史的一个闪光点。张国功说近代出版史的研究忽略了“文通书局”这样曾经与商务、中华、世界、开明、大东、正中齐名的书局。文通书局成立于一九〇九年，仅次于成立于一八九七年的商务印书馆。

在《谢六逸年谱》中就“风物志专号”有相关记载——一九四四年七月十六日，《文讯》第五卷第一期“风物志专号”出版，刊登了劳贞一的《论现代的丧礼问题》等十七篇文章。本期署名顾颉刚、谢六逸、娄子匡、岑家梧编辑。谢六逸在《编辑后记》中说：“本刊已经出版四卷，从这一期起改出专号，得了‘中国民俗学会’的帮助，供给稿件，我们不胜感奋。”

《文讯》最后阶段交给臧克家主持，并将编辑部移到上海，臧克家说：“一个在内地经受了种种磨难而新迁到上海来的刊物在准备以更大的勇气接受更大的磨难。”在上海，《文讯》于“七卷五期”“八卷五期”“九卷一期”“九卷三期”出过“文艺专号”。“九卷三期”还是“朱自清悼念专辑”。最后仍是以“文艺专号”结束了刊物的生命（一九四八年十二月）。为了纪念《文讯》曲折的刊史，应该将最后一期的目录抄下来：

一种剧	李广田
关于现实主义和自然主义（A. K. 华西利也夫）	何家槐
论托尔斯泰的“哥萨克”	潘凝
鲁迅书话六章	风子
阿Q的出处	田仲济
鲁迅著作需要疏证	林辰

报复	魏金枝
破了壳的蜗牛	王西彦
一个穷绅士（英·吉辛）	韩罕明
回家（匈牙利、萨卡锡慈）	大木
我们不是诗人（外三首）	何达
昨夜	吴越
雾	石火
光明！及其它（彼得斐）	孙用
佣工的死（福洛斯脱）	方平
航行及其它	刘北汜
波兰战后文艺	劳荣
哈尔次山游记（海涅）	冯志

《鲁迅书话六章》还有一个副题“为鲁迅逝世十二周年纪念作”。这六章就是六篇书话，都不太长，最短的一篇《三迁》不足一百字。此六篇题目是“舍金上梓”“出了象牙之塔”“三迁”“文艺理论小丛书”“正名”“敲门的声音”，它们全部收入《晦庵书话》，而且不像唐弢其他书话旧作收入书中时的惯常做法，此次六篇书话的文字未做大的修改，意思未做过多不合理的转变逢迎（只在“舍金上梓”内有一处不易察觉的改动露出了一点心思。原文是“施文里的所谓某先生，指的也是鲁迅，‘以子之矛，攻子之盾’，在蛰存，的确是相当得计的”。改为“施蛰存文章里所说某先生，指的就是鲁迅，‘以子之矛，攻子之盾’，在蛰存，大概是自以为相当得计的”。）六个题目亦未改，可说是唐弢四九前书话文章最原生态的初貌，所不同的是收书时都加了书影，增添了阅读的趣味。

文訊

文藝專號

第九卷·第五期

文通書局印行

三十七年二月五日出版

《文讯》杂志书影

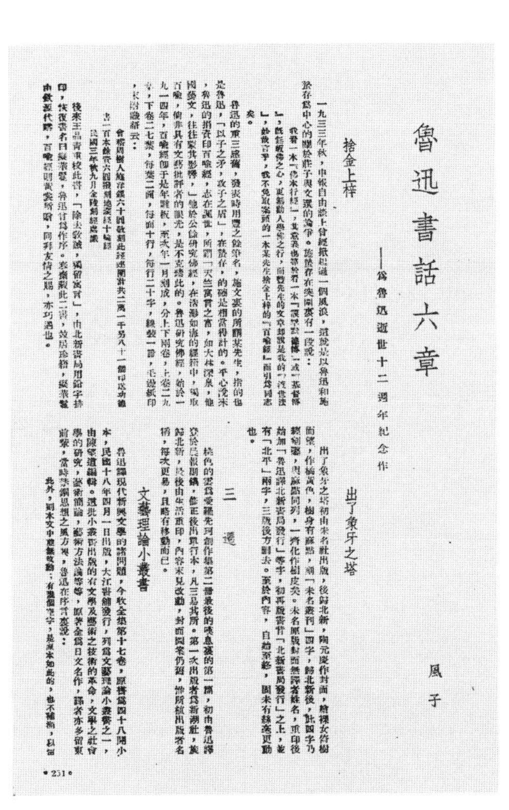

魯迅書話六章

——爲魯迅逝世十二週年紀念作

風子

拾金上梓

一九三三年秋，申報自由談上曾經掀起過一個風浪，這就是以魯迅和施蟄存爲中心的關於莊子與文選的論爭。施蟄存在突圍裏有一段說：

我看一本「佛本行經」，其意義也等於看一本「讚美詩」或「基督傳」，既非皈佛之心，更無勸人學佛之行，而豐先生的文章却說是我的「洗世法」，妙哉言乎，我不免取案頭的一本某先生捨金上梓的「百喻經」而引爲同志矣。

魯迅的重三感舊，發表時用豐之餘筆名，施文裏的所謂某先生，指的也是魯迅，「以子之矛，攻子之盾」，在施蟄存，的確是相當得計的。平心說來，魯迅的捐資印百喻經，志在諷世，所謂「天竺寓言之富，如大林深泉，他國藝文，往往蒙其影響，」他於公餘研究佛經，在浩瀚如海的經籍中，獨取百喻，倘非具有文藝批評者的眼光，是不克臻此的。魯迅研究佛經，始於一九一四年，百喻經即于是年雕板，至次年一月刻成，分上下兩卷，上卷二九葉，下卷二七葉，每葉二面，每面十行，每行二十字，綫裝一冊，毛邊紙印，末附識語云：

會稽周樹人施洋銀六十圓敬刻此經連圈計共二萬一千另八十一個字兹功德書一百本餘資六圓撥刻地藏經十輪經

民國三年秋九月金陵刻經處識

後來王品青重校此書，「除去教誡，獨留寓言」，由北新書局用鉛字排印，恢復書名曰癡華鬘，魯迅曾爲作序。寒齋藏此二書，均居珍籍，癡華鬘由欽文代購，百喻經則黃裳所贈，同拜友情之賜，亦巧遇也。

出了象牙之塔

出了象牙之塔初由未名社出版，後歸北新，陶元慶作封面，繪裸女倚樹而望，作橘黃色，樹身有麻點，題「未名叢刊」四字，歸北新後，此四字乃經剜去，與麻點同列，一齊化作樹皮矣。未名原版封面無譯者姓名，重印後始加「魯迅譯北新書局發行」等字，初再版書脊「北新書局發行」之上，並有「北平」兩字，三版後方刪去。至於內容，自始至終，固未有絲毫更動也。

三遷

桃色的雲爲愛羅先珂創作集第二冊最後的嘆息裏的第一篇，初由魯迅譯登於晨報副鐫，修正後出單行本，凡三易其所。第一次出版者爲新潮社，旋歸北新，最後由生活書店重印，內容未見改動，封面圖案仍舊，祇所標出版者名稱，每次更易，且略有移動而已。

文藝理論小叢書

魯迅譯現代新興文學的諸問題，今收全集第十七卷，原書爲四十八開小本，民國十八年四月一日出版，大江書舖發行，列爲文藝理論小叢書之一，由陳望道編輯。這批小叢書出版的有文學及藝術之技術的革命，文學之社會學的研究，藝術簡論，藝術方法論等等，原著全爲日文名作，譯者亦多留東前輩，當時禁錮思想之風方興，魯迅在序言裏說：

此外，則本文中雖偶有改動；有幾個空字，是原本如此的，也不補滿，以留

• 231 •

唐弢《鲁迅书话六章》版面

《新光》杂志中的周作人文章

周作人《读列女传》开头写道："有友人来叫我给杂志写文章。近年来文章不大写，因为没有什么话想说，但也不是全不执笔，假如有朋友的关系，为刊物拉稿，那么有时也写一点聊以应酬，至于文章之写得没意思，那自然是难免的了。既然是友人来说，似乎不好不写，问是哪一种刊物，答说大约是妇女杂志，杂志有特殊的性质，写文章便须得守住范围，选取题材大不容易，这又使我为难起来了，虽然我未始不曾作过些赋得的文章，在学堂里得到汉文老师的好些佳评，写倒也不难，只是这何苦来呢。可是，我想了一回之后，终于答应了，关于妇女问题，并不如电话里所说，你还可以来得几句，实在因为以前曾经留心过，觉得值得考虑，这也是一个机会，可以借此发表一点意见。经过很久的思量，仍旧不能决定来说什么，结果还是写了一个读列女传的古老题目。"

《读列女传》是应朋友"拉稿"专为一本"妇女杂志"写的，这位朋友是谁，今似已失考，但"妇女杂志"是哪一个，周作人后来有过交代——"以上自《读书的经验》至《流寇与女祸》凡十篇，均为新光杂志而作，在志上登载过。此系妇女杂志，故题材多与妇女有关，今虽已事隔数年，重阅一过，觉得尚有一部分在现今亦有可供参考者，故重为排比存之。三十二年九月十日校记。"（《药堂杂文》，一九四四年一月新民印书馆初版）“新光杂志”即是那本“妇女杂志”，这点已无疑问，找到“新光杂志”即可为收入《药堂杂文》的《读列女传》等十篇文章安上日期（此十篇文章只有《启蒙思想》《道德漫谈》与《观世音与周姥》文尾注有日期，而刊在“新光杂志”时注有日期的仅后者一篇，前两篇则是收入《药堂杂文》时后添的。）此处为何要对写作日期这么“较真”，原因有几个，《读列女传》最前面说的“近年来文章不大写，因为没有什么话想说”那几句话当是透露了作者彼时的心情，假如不把日期搞准了，这几句看似平常的话真就成为“无心之说”了。周作人的文章，有的写上日期，有的不写，有的初发在报刊上没写，收在单行本里时又添上了，写与不写，在作者一方好像是很随意的小事，在读者一方难说不会有细心人从中揣摩出些什么来。另一个原因是看过《周作人年谱》（张菊香、张铁荣编著，天津人民出版社，二〇〇〇年），感觉里面若干细节有失误，有些周作人文章的首发日期（或写作日期）由于编著者未能查到初刊本期刊（或报纸）而搞错了（本文只以新光杂志为例），查不到初刊本还产生另一个缺陷，如完整的年谱记法应是这样“×年×月×日　作《读书的经验》，载×月×日《新光》杂志第×卷第×期，署名知堂，收《药堂杂文》”，而由于未见到《新光》杂志，“年谱”只记“31日　作《读书的经验》，收《药堂杂文》”，这样就漏掉两个信息数据（署名，原发刊）。比漏掉更严重的是由于未能取得初刊本作为确定写作日期的依据，“年谱”将《读书的经验》的写作日期误定为“1940年10月31日”，而实际上，《读书的经验》首刊于一九四〇年五月十日出版的《新光》杂志（第一卷第二期），怎么可能发表于前，写作于后呢？

《新光》杂志一九四〇年四月于北平创刊，月刊，每月十日

《新光》创刊号书影

出版，十六开本，每期八十余页，印制考究，有图片插页，出至一九四四年四月（第五卷第十二期）满六十期后终刊。版权页显示，发行人为尹梅伯，总编辑为雪芦，编辑为梅生、黄勤、杨宗慧、许奇、蔡锦。创刊号“编后话”称：“这本刊物筹备的经过不到一个月，在上月中旬，同仁等谈起妇女界的读物，竟寥若星辰，始决定了发行‘新光’月刊，以应时势的需要，给妇女界供献一点精神上的礼物……。这本创刊号，虽说内容不甚充实，但于选择稿件，不敢不审慎，如周作人先生的读列女传，赵憩之先生的谈雅，毕纯英先生的明清两代书法优劣论，刘佩韦先生的谈衮，及澜沧子，张腾霄，李戴渔，黄之六，赵梦朱，左笑鸿，李颖柔诸先生之名著。”

周作人在《新光》杂志自第一期至第十一期不间断地发文十一篇，依序为：

第一期（1940年4月）——读列女传

第二期（1940年5月）——读书的经验

第三期（1940年6月）——书房一角

第四期（1940年7月）——新文字蒙求

第五期（1940年8月）——观世音与周姥

第六期（1940年9月）——女学一席话

第七期（1940年10月）——道德漫谈

第八期（1940年11月）——蔡文姬悲愤诗

第九期（1940年12月）——启蒙思想

第十期（1941年1月）——女人轶事

第十一期（1941年2月）——流寇与女祸

第十二期的“编辑后记”云:“本期周作人先生因为公务繁忙，未能执笔，可以说是很遗憾的事。”一九四〇年十二月十九日，汪伪中央政治委员会第三十一次会议，正式通过了“特派周作人为华北政务委员会委员，并指定为常务委员兼教育总署督办”一案。上说“公务繁忙”倒是言之有据，并非“本期”一期，这以后周作人再没为《新光》杂志写过稿子。《新光》杂志对周作人文章给予最高规格，十一篇全部刊在杂志首位，并标示“专载”，周当时在文坛的地位被杂志界称“永坐第一把交椅”。

这十一篇文章除了《书房一角》，均收入了《药堂杂文》，《书房一角》写于一九四〇年二月二十六日，此时《新光》杂志尚未问世，不属于专“为新光杂志而作”的，周作人把此文拿出来给《新光》杂志，也许是认为里面的一段话似还能守住妇女杂志的“范围”，——“《儒林外史》里高翰林说马纯上杂览，我的杂览过于马君，不行自不待言。例如性的心理，恐怕至今还有许多正统派听了要摇头，于我却极有关系，我觉得这是一部道德的书，其力量过于多少册的性理，使我稍有觉悟，立定平常而真实的人生观。可是，偶然女客枉顾，特别是女作家，我看对着她的玻璃书厨中立着奥国医师鲍耶尔的著书，名曰《女人你是什么》，便也觉得有点失敬了，生怕客人或者要不喜欢。”像周作人这么重要的作家，一切关乎他写作动机与发稿日期，乃至于为什么给这一家而不是那一家刊物写文章等细小之处，似乎都不该轻易放过。

《雷雨》与《日出》的初刊本

我几乎没在现场看过话剧，看过也许也忘记了，话剧似乎一直竞争不过电影（话剧亦无意与电影争锋，何况又多了个电视），二○○五年是中国电影诞生一百周年，动静很大，各类应景的出版物很多，二○○七年是中国话剧百年历史纪念，比之电影的百年诞辰，声量小得多，而两个艺种意义层面上并不存在表象上那么大的差距，它们本来都是综合艺术的最恰当的产物，某种意义上说，话剧更“高贵”、更“阳春白雪”、更具直接性，看话剧的《茶馆》与看电影（电视）的《茶馆》，不是一回事（感受），甚至看话剧时，你的座位是远是近，也不是一回事，距离产生美，对话剧不那么适用。话剧最要紧的是“说话”，说台词要使最后一排的观众也听得清，近乎喊，前排的会感觉到演员的装腔作势。于是之出演《青春之歌》余永泽一角，论家即说有话剧表演的痕迹，我俗眼看不出来，金山出演《风暴》施洋大律师，也有专家这么讲，我听那段金山大喊“你们杀得了一个施洋，却杀不完四万万的民众”听出了一点话剧味。不少电影明星原是话剧出身，还有是两栖演员，左右逢源，抗战时重庆有“四大名旦”的说法——白杨、张瑞芳、秦怡、舒绣文，所指是她们在舞台的技艺，而四九后，这四位的声誉多来自银幕。话剧史最负盛名的《雷雨》与《日出》，甚至没有哪句台词能令我至今不忘，而老舍的《茶馆》，那经典台词，我能你说上句我接下句，台词台词，一台之词（我记得《茶馆》的剧本最初好像登在一九五七年《收获》杂志创刊号。）话剧要一场一场地演，错过了就错过了，一部话剧，一个演员有可能演上一百多遍（有资料显示：《茶馆》一九五八年三月二十九日首演至同年七月十日停演，演了四十九场。一九六三年四月七日复演，在首都剧场演出了五十三场），一遍一遍地重复自己，而电影一次成型，然后化一成百成万，演员又可以拍别的角色去了。一个电影演员的艺术生涯可以与几十部电演牵连上，最出色的话剧演员毕其一生也不过区区几个角色让观众留有印象，于是之可称著名吧，我们记住的仅是"程疯子""王利发"等三两个，另如"周萍""老马""关汉卿"，反正我是一点没印象，改编没改编成电影过，很大程度地影响着话剧的影响，话剧很需要借助电影的力量，而电影似乎求不着话剧什么。

现在往回看，曹禺（一九一〇年—一九九六年）只能属于"少年得志"型剧作家了，成名很早（大学时代），有幸赶上中国话剧初盛时期，有幸碰到巴金慧眼识珠给了他舞台。后来他写不出东西非常痛苦，这本不是他的错，他不该自责，时代的转换造就了曹禺的成功同时也造成了曹禺的止步不前，个人在时代洪流的漩涡里是无能为力的，在不同的时代均运转自如的作家几乎是不存在的——要么违背自己的意愿，要么违抗时代的意志，曹禺痛苦的症结在于他试图两面讨好，他做不到，谁也做不到。

二十世纪三十年代真是出人才出作品的年代，整个二十世纪，文学艺术最精粹的东西大多在那七八年里光辉完了，赶上就赶上了。曹禺赶上了头班快车。一九三三年，二十二岁的曹禺在清华大学上四年级时，完成了处女作《雷雨》。现在我们谁也没往别处想，以为一切都是水到渠成的结果，假设当时没有《文学季刊》这么本杂志；或者有，而曹禺没把《雷雨》投给它；或者投了，编辑却没看出好来；或者看出了，却没破格举荐。曹禺的幸运，是这几个大概率的“或者”，碰到他的《雷雨》，皆化为小概率事件，真是一路绿灯。由此，还可作另一假设，话剧史是幸运者多还是不幸运者多？巴金后来说，“北平三座门大街十四号南屋[1]，故事是从这里开始。靳以把家宝[2]的一部稿子交给我看，那时家宝还是清华大学的一个学生。在南屋客厅旁那间用蓝纸糊壁的阴暗小屋里，我一口气读完了几百页的原稿。一幕人生的大悲剧在我面前展开，我被深深地震动了！就像从前看托尔斯泰的小说《复活》一样，剧本抓住了我的灵魂，我为它落了泪。我曾这样描述过我当时的心情：‘不错，我流过泪，但是落泪之后我感到一阵舒畅，而且我还感到一种渴望，一种力量在身内产生了，我想作一件事情，一件帮助人的事情，我想找个机会不自私地献出我的精力。《雷雨》是这样地感动过我。’然而，这却是我从靳以手里接过《雷雨》手稿时所未曾料到的。我由衷佩服家宝，他有大的才华，我马上把我的看法告诉靳以，让他分享我的喜悦。《文学季刊》破例一期全文刊载了《雷雨》，引起广大读者的注意。第二年，我旅居日本，在东京看了由中国留学生演出的《雷雨》[3]那时候，《雷雨》已经轰动，国内也有剧团把它搬上舞台。我连着看了三天戏，我为家宝高兴。”翻开这期《文学

1　谢注：《文学季刊》创刊号（一九三四年一月一日）的版权页记为：编辑者　郑振铎，章靳以 北平北海三座门大街廿一号。而到了刊发《雷雨》的第三期（一九三四年七月一日）版权页记为：编辑人　郑振铎，章靳以　北平王府井大街五十三号。

2　谢注：曹禺原名万家宝。

3　谢注：日本学者武田泰淳和竹内好看到《雷雨》后，大为赞赏，推荐给正在日本留学的杜宣和吴天，后来以“中华戏剧同好会”的名义在日本公演。

季刊》，三百七十三页，比创刊号还厚几页，折叠成四折的目录页，现在的刊物比不了，上面尽是文学史的杰出者：冰心、鲁彦、张天翼、欧阳山、陈白尘、林庚、何其芳、卞之琳、朱光潜、洪深、鲁迅。《雷雨》被安排在剧本栏目的第二篇，第一篇是李健吾《这不过是春天》，还有一个剧本是顾青海的《香妃》，《雷雨》的页码自一百六十一页至二百四十四页，长达八十几页，而李健吾的剧本不到三十页，《香妃》只有十几页，巴金所说“破例一期全文刊载”，只有看了《文季月刊》原物才能体会得到。出版家赵家璧后来在《北上组稿日记》（1935.5.29—6.19）中这段话“夜宿章靳以所租北海前门东侧三座门大街14号一座北房小院子的北房”后面加了一段注解“三座门大街14号这个院子是一九三三年暑假，由靳以租下的，南北屋各三间，另附门房，厕所，厨房门向东的一套房，巴金从上海北来，也住在此屋。南屋中间一间是作《文学季刊》办公室用。郑振铎、沈从文、卞之琳、萧乾、何其芳、李广田、李健吾、曹葆华、曹禺等，经常来此。《水星》编辑部也设在这里。”

一九三五年十二月十六日，《文学季刊》在出到第二卷第四期（总第八期）后停刊。赵家璧知道后，有意叫良友图书公司接过来继续办，他去找巴金商议，巴金表示支持，又获得了章靳以的同意。接着，赵家璧说服了良友公司经理余汉生，他的理由是：“良友公司出了不少文艺书，应当出一种纯文艺月刊，由名家主持，像生活书店出版的《文学》，现代书局出版的《现代》那样的大型刊物，在刊物上还可以替良友公司的文艺书作广告扩大宣传。”赵家璧又向《文学季刊》主编郑振铎打了招呼，告诉郑良友新办的刊物请的巴金和靳以主编。一九三六年六月，《文学季刊》的后继者《文季月刊》创刊，两刊有几点不同，一是出版地点不同，由北平改为上海；二是出版周期不同，由季刊改月刊；三是主编换了一个人。“文季”二字说不通，这么别别扭扭，想来是暗示两刊的内在关联，《文季月刊》的发刊辞称“复刊词”，含复《文学季刊》之意，复刊词称：“……在这一点上我们的季刊曾尽过一点责任，我们的月刊也会沿着这条路线进行的。”最后落款“文学季刊社”。

《文季月刊》也是三百六十几页的大刊，前面多了精致的图书广告，还多了插图，显然比前者艳丽，如果说季刊是京味的，月刊则染上了海派的颜色。季刊月刊有一个共同的缺憾，都不写“编后记”，许多的文坛内情就此无从得知。这回，曹禺的名剧《日出》（四幕剧），月刊一创刊就登载了，与《雷雨》不同的是，这次不是一期刊毕，而是分四期一期一幕的连载，还有一个细节，在《日出》第一幕的最后出现了一行字——“本剧排演权及摄制电影权完全保留请与文季月刊社接洽”；在全剧最后，曹禺在“后记”里写了五条，第五条是——“还有，有人写信来问商量这剧本的上演和摄制电影的事。关于这事情请向文月刊季刊社[1]接洽，他们为我负一切的责任。”这两段话表明，《雷雨》发表后引起的轰动及一系列的演出行为，已使曹禺有了“版权意识”。此外，剧本搬上舞台，由演员来还原作者的意图，表达形式的剧变，它还能有多少是作者自己本来想要的？有多少是演员表演出来的？对于这些，剧作者应该是很在乎的。作家输出的是思想，演员付出的是技艺。作者在，遵守作者的意愿；作者不在世了，剧本还在。

1 谢注：原文如此，应为“文季月刊社”。

《世界画报》之“三一八惨案特刊”

发生在一九二六年的“三一八惨案”，没有随着时间的久远而被遗忘，正是在二〇〇七年三月十八日这天，我极其幸运（全民收藏意识普涨，运气比眼力更重要）地在琉璃厂旧书铺淘到了八十一年前《世界画报》出版的“三月十八日惨案特刊”，我极其镇静地付了款，心里却在嘲笑店主不识货（标价很低）。接下来的几天，诸事皆废，全身心地研究这份珍贵的特刊，把相关的资料能找到的全搁在手边，相关链接包括“《记念刘和珍君》”“北京女子师范大学”“鲁迅”“李大钊”“宗帽胡同”“石驸马大街”“张次溪”（特刊钤阳文“张次溪印”六枚），“世界画报”。扯这么远，除了历史事件这个大因素，个人的情感也混杂在内，女师大的旧址在石驸马大街，《世界画报》社址也在这条街的东口路北一巨宅内（此宅原为袁世凯族侄袁乃宽住处），我的幼儿园三年小学六年正是在石驸马大街第二小学度过的；女师大有一阶段“偏安宗帽胡同”（鲁迅语），而我在紧邻宗帽胡同的一所中学里上过五年学，算一算我得经过宗帽胡同多少回吧，记得上体育课长跑还要穿越整条胡同，可惜年少无知，不懂得寻访历史遗迹（鲁迅说，“待到偏安于宗帽胡同，赁屋授课之后，她（刘和珍）才始来听我的讲义，于是见面的回数就较多了，也还是始终微笑着，态度很温和。”）二〇〇七年四月二十八日是李大钊就义八十周年，李大钊在北京居住时间最长的一处住所——西城区佟麟阁路文华胡同二十四号院，近年政府投资一千二百万元恢复李大钊故居原貌并全面修缮，现已对公众开放。文华胡同离石驸马大街与宗帽胡同都很近，我的小学中学同学都有住在文华胡同的。

《世界画报》是当时北平《世界日报》（一九二五年二月一日由著名报人成舍我创办）的摄影附刊，原为日报的一个版（一九二五年四月开始“增刊石印画报一版”），一九二五年十月十日《世界画报》从日报“独立”出来，改为四开单张（凡系日报的订户附送画报），就是现在我们看到的样式，有的期刊目录把《世界画报》作为期刊收录，关于“报刊不分”的问题由来已久，一句两句说不清，只好略去不说，我私下里分作：“报纸型画报”与“期刊型画报”，《世界画报》属前者。二十世纪二十年代的画报潮（北京是策源地）是报纸型画报潮，三十年代的画报潮（上海是中心）才是现在我们习惯的画报模式。《世界画报》为周刊，关于它的总期数，有说六百零六期（一九三七年七月十一日停刊），有说五百七十三期（一九三六年十二月停刊），相差不少。邓云乡先生收藏《世界画报》，他回忆说，“（《世界画报》）用雪白的道林纸，蓝色油墨印行，百分之九十是照片，第一版照例是一张名媛或燕大、辅仁高材生的照片，配一篇短文，第二、三两版全是新闻照片，偶尔印一张画，但不常见。第四版是电影照片，当时真光，中天等电影院放得都是好莱坞的电影，这第四版便经常登明星照片和影片中的某些镜头。虽然当年的雪白的道林纸已经渐渐泛黄了，但还经常拿出来翻翻，说句文艺家们的话吧，这也是抚摸着少年时期，青年时期的梦呢。”（《文化古城旧事》）

特刊的原藏者张次溪（一九〇九年—一九六八年）是曲艺史家、民俗学家。他原名张涵锐，又名仲锐，字次溪，笔名燕归来簃

世界畫報

第三十二號

三月十八日慘案特刊

慘案紀實（下）

（一）呈文

（二）撫卹令

（下篇完）

《世界画报》之“三月十八日惨案特刊”书影，今天我们习惯称之为“三一八惨案”。

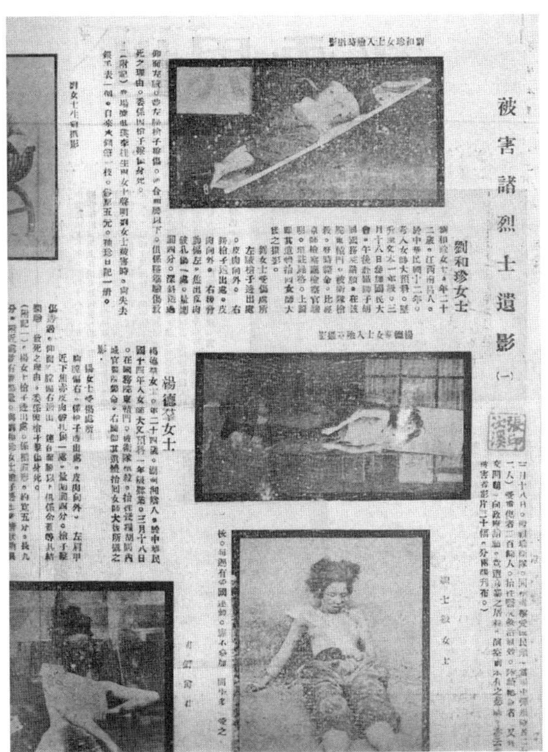

被害諸烈士遺影（一）

張次溪印

劉和珍女士入殮時攝影

劉和珍女士

劉女士生前攝影

楊德羣女士入殮之攝影

楊德羣女士

“三月十八日惨案特刊”原藏者为史学家张次溪，钤有“张次溪印”，可见这是一份珍贵文献。

主人、肇滨、张大都、张四都。他生于广东省东莞县篁村水围乡（与张竞生同乡，我买到过张竞生送张次溪的《浮生漫谈》），四岁那年随父来北京，张父张篁溪是康有为的学生，曾与秋瑾等一起留学日本，学法政。张次溪在北京志成中学（今北京三十五中学）读书，毕业于孔教大学；先后主编《社会日报》《民国日报》，曾从沈南野、齐白石等名师。除了一度去南京、安徽外，大都住在北京。经容庚介绍，曾在当时的北平研究院工作。张次溪编辑的《清代燕都梨园史料》《清代燕都梨园史料续编》《北平史迹丛书》《燕都风土丛书》《中国史迹风土丛书》，这“六大丛书”，是受了“五四”新文化运动的影响，为我们研究北京民俗文化提供了丰富的资料。周作人等为《京津风土丛书》写了序，顾颉刚为《北平史迹丛书》题签。张次溪一直热衷于对北京天桥的民间曲艺杂技艺人艺术及民俗生活的调查研究，积累资料近三十年，撰成《北京天桥志》《天桥一览》《天桥丛谈》《天桥景物图录》《人民首都的天桥》等专书。五十年代在辅仁大学（后并入北京师范大学）历史研究室工作，曾参与辛亥革命史料的搜集、整理与编辑工作，为编辑数百万字的《辛亥革命（史料）》做出重要贡献。一九五七年，张次溪因病退职，一九六八年逝世。张次溪收藏北京史料的图书非常丰富，号称“亚洲第一旧书店”的“遗产书店”（二〇〇〇年在北京琉璃厂开店）的古旧图书陈列，一共只更换过两次，第二次是为了纪念北京建城八百年，这次所陈列的图书资料几乎全部来自张次溪的旧藏（上面有张的藏书印），而陈列说明中只字不提，很不够尊重藏家的贡献。张次溪的藏书一部分捐给了供职的单位，一部分作价卖给了中国书店，郑伟章《文献家通考》里有记载。

“三一八惨案特刊”（《世界画报》第三十二号）是一九二六年

三月二十六日出版的，离惨案发生只有一周之隔。特刊出了两张，第二张是三月三十一日出版（期数仍属第三十二号），现在不清楚《世界画报》在出特刊的同时是否还按正日子出画报。第一张特刊的“特别预告”，有一项内容“惨案之责任者：段祺瑞、贾德耀、章士钊”未能如实出现在特刊第二张，可以想见压力的存在。现将特刊内容介绍如下：第一张——一版“惨案纪实”（上）附照片三张“开枪前执政府门前之队伍”“惨剧未作前之民众”“惨剧闭幕后国务院外吊者麇集哭声震天”；二三版“被害诸烈士遗影（一）”附照片十三张，有刘和珍、杨德群、魏士毅等九烈士；四版“被段祺瑞通缉之五人”附照片五张，为李大钊、易培基、徐谦等。第二张——一版“惨案纪实”（下）附照片四张，有“国民军赶来弹压之状”“枪声方息时市民救护伤者之景”“枪声正作时东四北大街商店均闭门巡警送伤者过市景况极为凄惨”；二三版被害诸烈士遗影（二）附照片十四张，有张梦庚、黄克仁等。四版为“被害烈士之灵位”，附图片五张，有“女师大刘杨二女烈士灵位”“工大陈刘江三烈士灵位”。

下面是惨案八十年后的正规说明：一九二六年三月十八日，中共北一方区委、北京地委和共青团北方区委、北京地委同国民党北京特别市党部、北京总工会、北京学生联合会、北京反帝大联盟、广州代表团等六十多个团体、八十余所学校，约计五千余人在天安门举行“反对八国最后通牒国民大会”，抗议日本帝国主义的军舰侵入大沽口，炮击国民军及美、英、日、法、意、荷、比、西等八国无理通牒中国的罪行。为了这次大会的召开，中共北方区委事先做了布置和安排。是日清晨，中共北方区委在李大钊的主持下又召开紧急会议检查准备的情况，赵世炎、陈乔年、共青团北方区委书记萧子璋、中共北京地委书记刘伯庄，分别报告了群众的组织和发动情况，拟定了标语和口号，以及游行的路线等。群众大会上午十时开始，首先由大会主席徐谦报告会议议程，揭露帝国主义的侵略罪行和段祺瑞政府十七日对请愿群众的暴行。大会议决：通电全国一致反对八国通牒，驱逐八国公使，废除一切不平等条约，撤退外国军舰；电告国民军为反对帝国主义侵略而战。会后，群众结队前往段祺瑞执政府请愿，要求段政府立即驳复八国通牒。当队伍来到铁狮子胡同段祺瑞执政府门前时，预伏的军警竟开枪射击，打死四十七人（“特刊”报道为四十人，当场死二十六人，送医救治无效十四人。），伤二百余人，制造了震惊中外的“三一八”惨案。中共北方区委李大钊、陈乔年、赵世炎等人亲自参加了这次斗争。李大钊、陈乔年等由于掩护群众而受伤。惨案发生后，北京各学校停课，为死难的烈士举行追悼会。三月二十三日，于北京大学三院在陈毅的主持下召开全市追悼大会。鲁迅把三月十八日称作“民国以来最黑暗的一天”。

“每一页都是一扇魔窗”

二〇〇二年那会儿，听说马国亮的《良友忆旧：一家画报与一个时代》书店里有卖了，赶紧赶去买了，书真漂亮！装帧得真典雅，在书丛中放射着异彩。

为了写篇读后记，把旧藏的几十期老《良友》及一九八四年复刊后的百余期《良友》又翻了出来，让时光倒转了一番，同时又深有悔意，当初为什么不痛下决心买下全份一百七十四期《良友》影印本呢？当初犹豫的原因有二，一是价格，预告即出影印本之初，售价是二千六百元，一俟应市，即翻了一番，变为五千二百元，那时这是个大数目；二是影本技术再高，如果与原本对照即相形失色，当资料用用还行。几次让店员拿出来翻了翻，又放回去，谁知几年后又调价至八千元，最近几年偶尔还能碰到，甚至还见到过极其珍罕的创刊号呢，大都被海外收藏者捆载越洋而去。

《良友》画报历经三个阶段：第一阶段为创刊后之国内出版时期（一九二六年二月至一九四五年十月，共出一百七十二期，又两个特刊）；第二阶段为在香港印行海外版时期（一九五四年—一九六八年），第三阶段为在香港复刊时期（一九八四年六月至今）；第二阶段《良友》的编辑陈泰来后来（一九八四年）总结说：“第一程，《良友》以崭新姿态出现于半新不旧之社会，一鸣惊人，既有国内外之广大销场，又当军阀互争长雄，强邻侵侮日亟之秋，不患素材之困乏。这一程，故社长年富力强，与梁得所、马国亮诸前辈跑得轻松美妙，成绩斐然。到了战后，故社长于种种条件限制下在香港筹出海外版，是为第二程。社会经济衰颓，我和几位同仁力疾附故社长骥尾而前，跑的是一段地势崎岖加上天气恶劣的路。近来香港社会的经济状况，比十六年前我们苦撑迈步时好上百倍；素材的来源亦比当年畅顺百倍，如故社长尚在人间，料比早已活跃于此新环境中，大有作为。今由福强先生继先人之志，岂非等于接棒而续跑下去吗？”（《“交棒”感言》，一九八四年《良友》复刊号）

前面所说悔之未买的影本即是第一阶段的《良友》，也就是马国亮《良友忆旧》之“旧”。第二阶段海外版《良友》也出了一百七十多期，确如陈泰来所言，环境衰颓，素材无源，办得乏善可陈。我见过几十期这一阶段的《良友》，除了风光和人物照片，没留下什么印象。复刊以后的《良友》倒几乎藏有全份的，每一期的扉页都印着——本刊创办于一九二六年，创办人：伍联德。

马国亮是第一阶段《良友》的第四任主编，是《良友》的亲历者，本书《良友忆旧》最初于一九八四年八月在《良友》上连载，原名《良友忆旧录》，连载四十二期后止。正是图文并茂的《良友忆旧录》诱使我对《良友》的兴趣一步步加深，甚至对于马国亮提到的美国某教授研究《良友》的论文也企图找来看看。对马国亮的前任梁得所、周瘦鹃所编的刊物，我也都想找来看看，最近不惜重金购藏梁得所离开《良友》之后主编的《大众》画报和《小说半月刊》，就是痴迷的明证。其实，当年也大有痴迷《良友》者，如马国亮所说：“在国内，五十多年前，那时即使像云南那样交通极不方便的地方，军阀割据，各省货币互不能用的情况下，有读者寄来头发编成的表链，作为订阅《良友》的代价。还说如果这不行，就要寄来火腿或大头菜（两者都是云南的著名土产）。为了要看《良友》，可谓用心良苦。”（《第一个花甲——为“良友”六十周年作》）

林海音在《半个世纪的回忆——贺“良友”画报六十周年》中激动地说：“……我记得不知道是《良友》或是上海另一画刊叫《时代》的，曾刊过一全页外子兄弟俩的滑冰照片，因为他们当年是北京著名的花样滑冰选手。不知道是否有机会看到老《良友》，找找看？……说了这话，我并不在意，返台不久竟收到马国亮先生亲自寄来影印一页外子哥俩的滑冰照，看日期是民国二十一年一月号（一〇一期）的《良友》，不得了，五十年前，半个世纪！那天晚上，外子和我整晚沉湎在半个世纪的回忆里……”

我的藏刊中正好有这一〇一期《良友》，放在我手中并无出众之处，换到林海音手里就引起了老人如此欢乐的往事回想，一本画报的作用如何能小视？老《良友》共有各种照片三万多张，俨然一座珍贵的资料库，也如诗人余光中形容的那样：“每一页都是一扇魔窗，开向美妙的大千世界。”

什么是画报？查《辞海》，查《简明不列颠百科全书》，有“期刊”的定义，而没有“画报”的定义。但是，说画报是“以图片为主，以文字为辅”的期刊，该没有疑问的。图与文，谁主谁次，是画报区别于一般期刊的分水岭。萨空了在《五十年来中国画报之三个时期》（一九三一年）中说：“中国之有画报，半系受外国画报之影响，半系受传奇小说前插图之影响，此应为一般人之所公认。”戈公振评说画报之重要性：“世界愈进步，事愈繁赜，有非言语所能形容者，必籍图画以明之。”

李辉先生在《良友忆旧：一家画报与一个时代》的前言中说道：“这是一本关于刊物的回忆，这是用人物和故事串起来的历史。在中国，似乎还没有别的刊物被这样回忆过，被这样描述过。”

确如其言，画报的地位长期被冷落了。现代文学馆副馆长吴福辉先生也感叹过：“在现代期刊发展的长时段里，画报的地位原本要比我们想象的重要。出版的数目，深入到民众日常生活面去的程度，也都相当不可忽视。现在我们要开列一个完整的无一缺漏的画报类刊物的名单，几乎是不可能的。因为它们长时间地位卑微，被认为是低级的文化读物，甚至不被视作刊物，一个世纪以来的公私图书馆也没有专门将它们搜罗齐备过。于是，各种画报画刊旋生旋灭，像一群快乐的流浪汉，在正史上不留多少痕迹，以至于现今要从尘封的书架上寻觅到它们的踪迹，也难乎其难了。许多画报仅存名字，专业的研究者都见不到实物。它们所受后代的怠慢及曾得到同代人的青睐，适成反比。”（《漫议老画报》）

老画报以前也并非没有人提及过注意过，萨空了个人当年收藏画报甚丰——“惟以现正搜罗中国画报，拟编《中国画报史》一种”，还说他的友人梁云斋“为一画报的收藏家”。萨空了心血所蓄皆毁于战火，雄心万丈的《中国画报史》自然也化为灰烬了，可惜，可叹。虽然还曾听说过别有大家收集画报（如画家刘凌沧，如《北洋画报》主编冯武越），但直言为画报做“史”的，似乎仅萨空了一人矣。

我以前写过“盼望着你啊，《中国画报史》”，现在读了马国亮的《良友忆旧》，更激起了强烈的呼吁，提醒目光四射的出版家注意《中国画报史》这一有趣有意义，而又是空白的选题。中国这史那史写了几百部，流氓有了流氓史，娼妓有了娼妓史，何以一部画报史被冷淡了？我们已经在一百年内没有对画报史做一全景式的回顾了，难不成还要再拖个一百年不成？

我泼我的冷水，他写他的藏书票

我老早就对藏书票有兴趣，这兴趣却不在实物地、一枚一枚地收集藏书票，——而是在收集谈藏书票的书。这就要说到我的藏书票的启蒙知识，一开始就知道它是西方传过来的，关于世界上第一枚藏书票是刺猬图案的启蒙我听了看了无数遍，差不多所有谈藏书票的书都要从这只古老的刺猬讲起，就像现在谈起我们自己的藏书票史，无一例外都要从"关祖章藏书"票说起一样。我很高兴没有在吴兴文先生的新著《我的藏书票世界》里再次看到这张他首先发现的老关的票，吴兴文很知道我现在对于藏书票的态度，其实不止藏书票，我对过去热爱过的事物的态度都转变了，变得不可理喻、不近人情。

不认识吴兴文之前，我就使劲地追求过他在台湾地区出版的藏书票专著，那时人海两隔，求索台版书何其难也。潘家园旧书市场初兴阶段，有位很有名的旧书商贾俊学，此人雅好藏书票，秘藏几款中国早期藏书票，颇得界内称赏。贾公也该算第一批写藏书票文章的先行者，他的文章多发在《人民日报》，我也有剪存。贾俊学很有办法，早早就搞到了吴兴文的书，我很眼馋，提出高价买，贾说上面有吴先生的签名，怎好转让。二〇〇一年八月三十一日，三联书店为吴兴文的新书《我的藏书票之旅》有办发布会，当日我恰好在三联购书，碰到姜德明、贾俊学等人，他们是受到邀请与会的，而我在一层买了吴的书，却上不得二楼，酸溜溜走人。后来跟吴说起此事，他说，你当时只管进去，谁会拦你啊。又是几年以后，想不到吴兴文联手贾俊学等民间书票藏家，在北京鲁迅博物馆举办了私人藏书票展，展品后来还出了书，当然此时我不但得了书，还是限量的毛装版。

二○○三年二月，由韦力先生牵线，得以认识吴兴文，第一面是在西直门的一家小饭馆见的，我们三人四五个菜，吴说话南腔北调，加之语速快，我感觉不知所云，好像所谈都与书票不沾边。此后三月无音讯，五月，北京大疫，谁都不敢跟谁来往，吴兴文却突然来电话提出要来我家，我说你是第一个只字不提非典的人，甚可怪也。这以后过从渐密，尤其是在潘家园，几乎周周见。从那时起，我就对他说，你就独孤求败吧，此地没有人陪你玩藏书票，瞎起哄的居多，你才是正宗藏书票的玩法。吴兴文不信，这几年他出了好几本书，到处搞讲座，诲人不倦，寄厚望于年轻一代，视我之冷水如白泼，我泼我的，他写他的，直到这本《我的藏书票世界》出来。我风闻此书乃“封笔之作”，倒觉得多此一句宣言：封不封由己，启不启亦由己。

我一直感觉藏书票玩起来好玩，一票一票地写作起来却不是好玩的，我说的没错，除了吴兴文出过书票专著，没有第二人，某些书票制作者出的画册是另一回事。董桥写过，但那是拢着一大堆票、裹着老长的书票史的写法，我指的是一票一票考据的写法——有点类似书话的模式，还不能零敲碎打仅写个三五篇，得够成一本书的规模。我前面说的起哄，就是感叹玩的人挺多，有心得的不多；即使有那么两三位挺使劲，至今还是出不成书，所以我说中国藏书票水平就到这了（二十世纪三十年代的光辉早挥霍光了）。鲁迅先生曾将中国版画的方向设想为“倘参酌汉代的石刻画像，明清的书籍插图，并留心民间所赏玩的所谓‘年画’，和欧洲的新版画技法融合起来。”鲁迅所指中国版画的方向，不妨看作是中国藏书票的方向，三十年代李桦、唐英伟等藏书票的先行者走的正是鲁迅的方向，我以为他们几位的藏书票风格是中国的风格，是“洋为中用”的典范。本质的藏书票只能产生于三十年代，余皆无足观。时限就是如此绝对，宽了不成，宽到陕北窑洞，坐在暖炕上晒着冬日的暖阳的大婆娘小媳妇，手里剪着窗花顺手就剪出了要多少有多少的藏书票，只劳专家码上“EX-LIBRIS”就能换钱了。这不是乱说，中国邮票有过先例。

吴兴文不只是在搜集书票上领先一大步，在书票写作与研究上更是领先一大步。有记者问他：“收藏藏书票时，您如何探寻藏书票背后的人文故事？”吴回答：“上穷碧落下黄泉，动手动脚找资料。”一言中的，上哪找数据啊，谁不知道数据之珍贵，尤其是外国藏书票，至少你要懂外文吧。数据难找，找到了不会用也写不出彩来，写东西须要一点横拉竖扯之本事，通常叫想象力或曰文学性。我读吴兴文的这本新书注意的还是这些地方，譬如《水下美人鱼》这款书票，吴兴文联想到《梦溪笔谈》里的一段话，这就很跳跃亦显得很有知识，换成别人写，很可能是不着边际的大抒其情。有一点可惜的是，在这本书中，作者的抒情仍显得多了些，某些使用频率太高的熟词熟字时不时地跳将出来，作为作者的熟友我想到就说，我写的东西吴兴文也没少批，更何况他是编辑出身，眼毒乃职业病。

我对藏书票还持一观点，我一直认为藏书票与图书是不该分离的，就像一本中国古书钤着的一枚藏书印——一本书可以没有藏书票；一枚藏书票不可以没有书的庇护。今日之商品社会，藏书票也未能幸免，什么计算机制版（我顶反对的就是计算机设计出来的藏书票），什么当众毁版，什么限量发行，等等一系列商业运作方式，几乎都照搬到藏书票的头上，又有几个人会安静地伏在书桌上，把这种批量生产出来的藏书票小心翼翼、不歪不斜地贴在一本心爱的藏书上呢？我大表怀疑。关于藏书印，台湾诗人刘叔慧有四行诗，写得很美：

潮湿的胭脂
吻遍每一具雪白的身体
丰润的心事因此有了
归属的安静

现时的中国藏书票尚未能够像这首诗所说，找到“归属的安静”。吴兴文的努力，是否有希望，我持保留态度。

不好诣人贪客过，惯迟作答爱书来

二〇〇一年的一场古旧书刊资料拍卖会，出现了一小批吴晓铃的旧藏，这其中周作人的书就有近二十种，初版本居多且书品极好。我思考一夜，决定不惜代价竞投，并圈定了志在必得的几种（如《夜读抄》《瓜豆集》《书房一角》《周作人书信》）。当场拍卖，我共竞投成功十三种，可谓达到既定目标，最遗恨的是一个小疏忽走标了《周作人书信》。不久此憾得补，买到了香港的复制本，虽下原版一等，但也可算仿得最不错的本子了。

这里先提这件旧事，其实是因为看过《书简三叠》后的大脑受了刺激，想不到今天的语言环境下竟还有人能把“书信”写到这般精致的境界，其雅在外，其妙在内。我每年自评几册当年最佳书，《书简三叠》今年肯定入选。当然这只是个人的感觉，多数人不大会有的。

这本书的写信人是一个人——谷林先生，一四五封，收信人是三个人——扬之水五十三封，止庵四十九封，沈胜衣四十三封。上面说的“还有人”即是指谷林，又因为我们只能看到写信双方其中一方的回信，另一方的来信则无从得见，一实一虚，只能说“实”的好，我倒认为，“虚”的一方亦不会写得太差，所以前面说的“还有人”，理应算上收信的这三位。实在的情形亦如我所说，扬之水的文章早好到被一致称为“才女”；止庵的文风已自成一体——好者极嗜之，恶者极贬之；沈胜衣的文采我还没得领受，他的新书《满堂花醉》外面裹着塑料薄膜，无法看到里面，但是从谷林的口气里推想，其学问是不薄的，这遗老遗少之间经常是四五页的长信，甚至还有一次竟达“四十九纸”，显而易见是在讨论问题。

谷林与这三人的年岁差距，最多的相差一半（沈胜衣），扬之水、止庵亦小谷林近四十年。此处说到年纪相隔如此远，文化背景更是迥然不同，却能如此谈得来，而且一谈就是二十年（扬之水）、十来年（止庵）或七八年（沈胜衣），相谈又多是与时代脱了节的话题，便不能仅仅以“忘年交”一句轻巧带过了。看着谷林与他们仨、他们仨与谷林由生分到熟络，到知无不言，又回到“淡交如水”的自然境地，那真是现代交往中太缺少的“相见亦无事，不来常相思”的魏晋遗风。读者还应注意到，谷林和扬之水、止庵是同住在北京城里的（沈胜衣则居广东），仍让人感觉他们是隔水隔山的两地书。现实交际中，如今最落伍的手段就数在纸上一字一字写信了，打电话发邮件哪个也比写信方便，对此，谷林有他的看法——“这件小事如果借电话一说，岂不简省，但像来信蕴涵的那般顿挫环荡情味必致全部消失。我读止庵来信自然较之接听电话高兴。”（《书简三叠·序》）

扬之水对此也说了同样意思——“与谷林先生有将近二十年的通信往还，记起先生引过吴骏公《梅村》诗中的一联‘不好诣人贪客过，惯迟作答爱书来’，其实用后面一句形容我的心情，倒是更为合适。”（《书简三叠·跋》）“惯迟作答爱书来”，才使得写信双方都对这种文字交流方式感觉莫大的快活，因而得以持久。我另有一个看法，欢喜用笔写信交换感情的人，大多可能是嘴很笨，缺少口才，不属于能讲话、善于自我表白的一类人。知堂老人的文章大家一致说好，但没有人说起过知堂的口才，不说，估计着就是不行。听过知堂讲课的人的回忆文章中，对他的“说话”均无好评，说他声音低、细，有很浓的口音，不抬头、不看学生只是念手上的稿子。同样的例子还可以用在黄裳那里，文章众口一词称赞，可是很不爱讲话，对很熟的朋友也是如此。很相反的一例是余秋雨，能写文章，又能说会道，当电视节目评委最为胜任，这恐怕是与生俱来的素养。

上面说到写信与人性情的关系，急性子直脾气怕是写不出“顿挫环荡”、叫人读着能“想一会儿”的信来，唯有思想缜密，处世达练，对文字很讲究，才可能写出双方皆欢喜，且局外人（读者）亦喜欢读的好信来（私信之所以能够成为公开的书籍，必要的一点，即书信的可读可赏性及书信作者的知名度）。还有一个至关重要的前提，就是收信人要有保存旧信的习惯，《书简三叠》有机会成书得益于谷林的三位朋友“都成叠留存着”，再经止庵从中奔走促成此事，一如谷林的《答客问》亦由止庵“挺身而出，加工编校”助成。没有这样的年轻朋友的热衷，大隐燕市的谷林老的美翰妙简如何让我们有幸见识？更远的那本《书边杂写》的出版，为谷林赢得读书界的欣喜“发现”，而奔走主事的是扬之水。

好的书信到底还要好的技巧，需要曲尽其妙而不可以直话直说干脆利索。谷林是书信文体的大家，仅是一封信的最后祝福语，他就可以做到一信有一信的不同——此候日祉，敬颂清豫，优颂百益，顺颂撰祺，复候乡祺，敬祝阖第迪吉，敬祝曼福。对三位收信人的称呼，亦多变化，很有些意思——兄（用得最多，三人都用到过）、同志（仅用于止庵一次）、公、足下、吾弟（专用于沈胜衣）、大妹（专用于扬之水）等等。

张爱玲一个人的杂志史

我本人从不跑图书馆，埋首报海刊林，那滋味肯定苦不堪言，但我对泡图书馆的人是敬重的，享用他们的劳动成果时也满怀感激。不跑图书馆是因为个人只能利用公藏而不能占有公藏，不过瘾。不跑图书馆而跑旧书店旧书摊拍卖会，正因为完全凭着私家藏品搞“张爱玲书影”，所以可以说张爱玲一个人的杂志史就是我一个人的收藏史。藏着藏着，忽忽十数年，人生自是有情痴，此恨不关风与月。

最早入藏的是《万象》。旧书店柜台里捆好的一捆，每册书顶部都刷着红色，防霉还是防虫？专业术语称之为“色边”。彼时我正热衷搜罗这种开本小巧玲珑的海派都市风杂志，见到《万象》，当然十分中意。请求了好几回，人家不卖给我，说是给山东某图书馆留的。后来那个图书馆很久不来取货，旧书店管事的见我实在心诚终于做主卖给我了，价格八百五十元，完整的一套，还带着那册莫名其妙的“万象号外”。以后《万象》的行情逐年看涨，见到最贵的一次是标价七万元，还是合订本，不像我存的那套是未曾切边的散册，但是也卖出去了，这可不是礼品书那样的高定价高折扣，据店员讲是四万元卖给海外，这种杂志没有限制出境的规定。《万象》和张爱玲只维持了一年的关系。张为什么和《万象》闹翻？好像有一个很流行、似乎已被固定下来的说法，那就是：当张的《连环套》正在《万象》连载之际，《万象》又同时发表了迅雨（傅雷）的《论张爱玲的小说》，猛烈批评了《连环套》，致使张一怒之下“腰斩”《连环套》，断了和《万象》的文字缘。我却更同意余斌先生的判断——“更说得通的原因可能还是和《万象》老板平襟亚的矛盾，他们因稿费问题而起的摩擦在小报上传得沸沸扬扬，这一年的八月二人还在《海报》上打过一场笔墨官司。”（《张爱玲传》，海南出版公司，一九九五年）

两人除了在小报上打笔仗，还在一本叫《语林》的杂志上交手了一回合，还扯上了张爱玲的中学老师汪宏声。张的题目狠呆呆，《不得不说的废话》，平襟亚（秋翁）摆事实《“一千元”的经过》，汪宏声赶紧《“灰钿”之声明》。双方彻底闹翻。平襟亚在《海报》上更是把与张的私信也抖搂出来，气哼哼：“从此永不重提往事，更不愿我的笔触再及她的芳名。”为什么闹矛盾，也不能为钱闹矛盾，尤其是面子薄的文人之间。《不得不说的废话》从未在各种号称“最齐备”的张爱玲文集中出现过，吵架的文章也是文章啊，为什么拒收？可能根本就不知道有个叫《语林》的杂志。《语林》共出五期（一九四四年十二月二十五日至一九四五年六月一日），编辑人钱公侠，是钱公侠促成了当事三方在《语林》上面对面的“绝情绝义”。我的《语林》购于一九九一年七月五日，价一百二十元。

《古今》上有张爱玲两篇文章，《洋人看京戏及其他》在第三十四期，《更衣记》在第三十六期。许多张爱玲的新选本都把期数弄错了，你错我错大家错，反正文章不错就是了，谁也懒得再去翻旧刊。我买《古今》最初的动机不是因为张爱玲，而是先看到了零册上有一位“挹彭”者写的《聚书脞谈录》，连载三期，十分精彩，令人神往地把二十世纪三四十年代的古旧书业描画了一番，顿时对《古今》感了兴趣。当我终于见到全份《古今》（共五十七期）出现在旧书店的书架的最上层，一阵狂喜，待看到标价一千元时，心又凉了。当年家庭突遭变故，一时竟凑不出这笔钱，又不肯错失良机，只好将多年积蓄的旧刊物装了两纸箱，用自行车驮到旧书店（《万象》即购于此店），卖掉（等于是交换）才得来《古今》。旧期刊买时很贵，待你需要用钱去卖掉，才会发现它其实很不值钱。

当年刊发张爱玲作品最多最精的应该算是《杂志》了。《杂志》的主持人后来才知道是位打入敌人内部的“地下工作者”，所以，《杂志》的名声比《古今》干净，当然这是后话了，当年谁能分辨清楚？被傅雷称之为“我们文坛最美的收获”的《金锁记》，首发的光荣就是被《杂志》占去的。静下心来仔细分析打量，被“补白大王”郑逸梅称作当时上海滩三个最有代表性的刊物——《万象》《古今》《杂志》，最适宜张爱玲气味的还要算《杂志》。《万象》太多“万花筒”般闹哄、新潮的文字，《古今》又太多“古墓”般沉寂、旧调的文字，唯《杂志》将动与静、新和旧，调和至中间道路，使《金锁记》《红玫瑰与白玫瑰》《倾城之恋》《茉莉香片》一类“陈旧而模糊”的文字顺畅地开过去。《杂志》共出三十七期（册），余先以七百元价得二十多册，后陆续以十来元钱一册的价格补得十余册，最后仅差的两册是书友成人之美“割爱”，书友的《杂志》有三十册，也差不多快齐全了，余甚感激他。

《天地》出二十一期，中间几期的封面画出自张爱玲手笔。一个女子素面朝天躺倒在地，那面目的曲线一望而知是张氏风格。《天地》是苏青（冯和仪）主办，一个女人办杂志，飞短流长少不了，说这说那的，今天的人难分真假。苏青寄《天地》给胡兰成，胡兰成看到张爱玲的小说《封锁》，觉得奇好，马上想见张爱玲，这才有了以后胡兰成与张爱玲的一段“今生今世”。《天地》第十八期载张爱玲的《双声》，不知何故，文内删去了数百字（有细心者数过是三百零五字）。估计是张爱玲与炎樱对话中评价日本文化，不小心说走了嘴。我购藏《天地》时图便宜，全份合订本是二百元，而一至十六期才几十块钱，心里盘算先买这十六期，差的几期慢慢配齐吧。一念之差，十多年也没配齐，又转念想买合订本凑齐吧。合订本已涨到一千五百至两千元一套，心理上接受不了。鬼使神差，又是那位书友非常凑巧地在旧书摊正好买到我缺的十七至二十一期的《天地》，多一本也没有。这回我没让人家白白“割爱”，找出几本他喜欢的旧书换回这五期《天地》。郑振铎感叹过“一书之全，其难如此”。杂志之集全，其难也如此。《天地》办到一半之时又办了个副刊型的《小天地》，《小天地》出五期，编者周班公，有张爱玲散文的是创刊号和第四期。有人讲《小天地》的封面是张爱玲设计的，差矣，是令狐原（米谷）设计的。《小天地》我大概是用七十元买到全份的，一时也懒得再去查陈年书账。

一九九七年我在藏书家姜德明先生的书斋第一次看到《苦竹》，即有像沈启无那样的感觉——“封面画真画得好，以大红做底子，以大绿做配合，红是正红，绿是正绿，我说正，主要是典雅，不奇不怪，自然的完全。”（《南来随笔》）心想事成，没多久，在一次旧书店举办的超常规模的民国期刊展卖中，我被优待，破例优先挑选，那次“过眼烟云”的旧期刊达数千种，《苦竹》即是在这唯一的一回“吃小灶”式的买书中幸运而得，价钱是一百元，不贵不贵，有海外“张迷”得《苦竹》复印件，还如获至宝连呼“文献”呢。

张爱玲的辉煌随着抗战胜利而告一段落，进入相当漫长的冰封

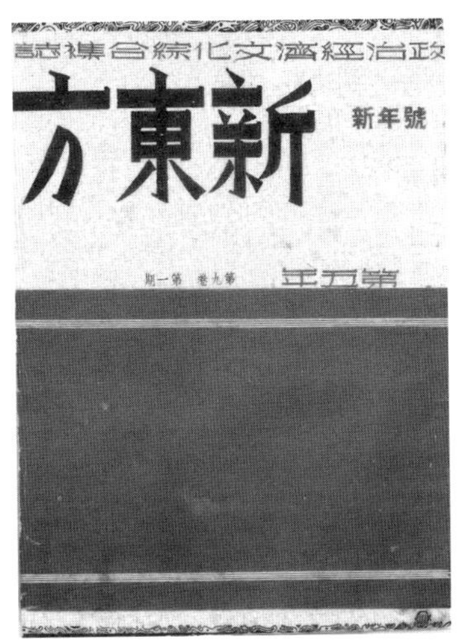

张爱玲《自己的文章》刊于南京出版的《新东方》杂志

张爱玲成名作《天才梦》，初刊于《西风》杂志

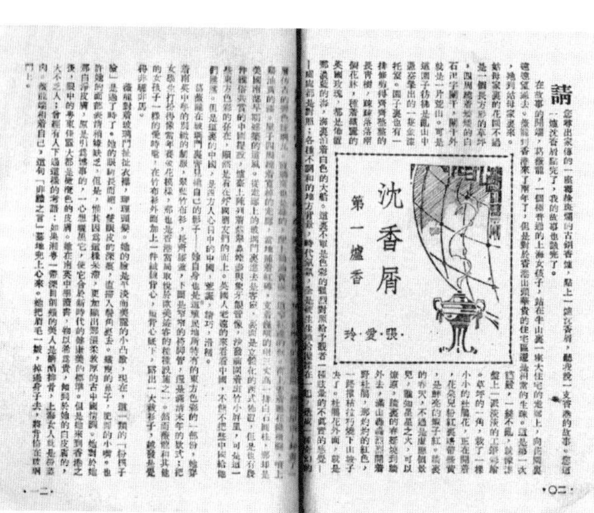

张爱玲《沉香屑·第一炉香》版面

本期《天地》杂志刊有张爱玲《“卷首玉照”及其他》，“卷首”误排为“卷看”。

期。唯一的回光返照出现在一九四七年出版的《大家》杂志，先是创刊号上的《华丽缘》，后是二、三期连载的《多少恨》(即《不了情》)，是丁聪配的插图，一切都发生了变化，过去总是张爱玲自己画插图，用不着别人代劳。这个出版《大家》的山河图书公司还为张爱玲出版了《传奇》的增订本，然后跟着张爱玲一起向旧时代告别。张爱玲、《大家》、唐大郎之流一块儿向读者谢幕。柯灵说得又准又好——“我扳着指头算来算去，偌大的文坛，哪个阶段都安放不下一个张爱玲，上海沦陷，才给了她机会。”这段话颇有“国家不幸诗家幸”的意味，柯灵确有资格说这番话。我购藏的《大家》是合订本，所以封面书影是切过边的，好在里面的图影十分完整，购藏价五百五十元，打过八折以后的价。

本文快要完成的时候，晚间散步又顺道溜进了超市，一眼瞧见某南方出版社为“张爱玲成名六十周年纪念”而出版的“自绘插图纪念版”的《流言》和《传奇》。这家出版社的理由是“去除他人选编加工的痕迹，还原一个完全纯粹的张爱玲”。亏选家想得出这么一个理由。

邵洵美一个人的杂志画报史

二〇〇六年四月我写过《海上才子：邵洵美传》的书评，其中有一段话“林淇先生在邵洵美已有的那么多个‘家’（散文家，翻译家，诗人）的身份之后，又加了个‘集邮家’，其实这些个‘家’都不足以概括邵氏的事业，出版家才是最要紧的。”[1]现在我还是持这一看法，有些事当时不做就永远弥补不了了，邵洵美主持、参与、出资、主编的那些书刊是会世世代代流传下去的，有和没有这些打上了邵氏印记的出版物，会很大程度上影响后世对邵洵美的评价。

邵洵美是大出版家，有自己的书店（时代书店）；有自己的出版公司（时代图书出版公司），因此，邵洵美出版的杂志多有以“时代”命名的，如《时代漫画》《时代画报》《时代电影》；有自己的印刷厂（时代印刷厂）；有从德国进口的中国当时第一台影写版机器，这套影写版印刷设备，包括有两层楼高的印刷机，另有照相设备、磨铜机、镀铜机等一系列设备。解放初，这套机器作价让给人民政府（让价约为五万元，当初购新机时是五万美金），新中国第一画报《人民画报》即是由这台邵洵美一九三二年买的印刷机印出来的。我收藏有这台印刷机印出来的《时代画报》，又收藏有这台

1 谢注：林淇为是书作者。

机器印出来的《人民画报》，意义自非一般。关于这台影写版印刷机有不少传奇的经历。据一直跟随着这台机器的老工人回忆，机器已光荣退役。当年他办的刊物印制得何等精美。其实，这只是为邵洵美抱不平的一个方面，邵洵美对二十世纪三十年代文化的贡献是全方位的，是三十年代文化名人中被低估得最为严重的一位。

单以期刊画报为例，邵洵美亲自参与的即有：《狮吼》（一九二八年）、《金屋》（一九二九年）、《新月》（一九二八年）、《时代画报》（一九三〇年）、《诗刊》（一九三一年）、《论语》（一九三二年）、《十日谈》（一九三三年）、《人言》（一九三四年）、《时代漫画》（一九三四年）、《万象》（一九三四年）、《时代电影》（一九三五年）、《声色画报》（一九三五年）、《文学时代》（一九三五年）、《自由谭》（一九三八年）、《见闻》（一九四六年）等。我有幸收存这些刊物中的大部分品种，本无心做“邵迷”，却实际上做成了，这也许是我对邵洵美的方方面面有兴趣的另一原因，谈起他来距离拉得比别人近一些。事已至此，我对昔日轻率地放弃《狮吼》而后悔（此刊及《金屋》是我所失藏的），为什么放弃，因为嫌它太过于破烂不堪了，现在来看《狮吼》比《金屋》还稀有，只有那些在大图书馆供职的研究者，才有机会近水楼台地接触旧刊并从容取阅发表论文。李欧梵说：“供职于上海图书馆的张伟先生是唯一的对‘狮吼社’做了研究的中国学者。”（张伟的论文为《狮吼社刍论》）

前向把寒斋所存的与邵洵美有关的刊物整理了一下，挺有趣味，挺有成就感，此项收集工作如果现在才着手的话，很难做成这样的规模了，时过境迁——对收藏这等事说来尤为如此。

《新月》存毛边创刊号，另存散本十数期。我最想得到《徐志摩纪念号》。

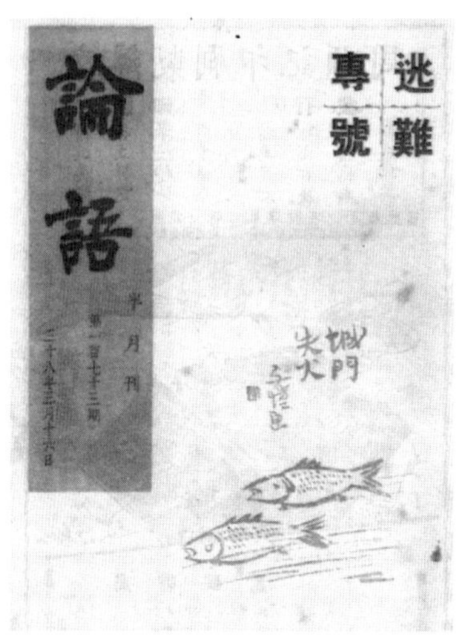

邵洵美为“逃难专号”写有辛辣味十足之“编后记”

《时代》画报书影。近闻全套《时代》影印本出版，这是继《良友》画报全套影印之后又一文化盛事。

《声色画报》创刊号书影

獅吼

第二期

本期要目

文藝批評的新方向（論文）	滕固作
自由吟（Wm Blake詩）	邵洵美譯
東方之愛神（小說）	倪貽德作
枕頭（小說）	許欽文作
[illegible]（散文）	邵洵美作
[illegible]（A. Poe詩劇）	夏萊蒂譯
下層工作（小說）	滕固作

上海

金屋書店出版

《狮吼》书影，要目为另纸贴在封面上，此乃那一时期的装帧风格。

《时代画报》总出一百一十八期，存包括终刊号在内的三十几期。前向有机会买到汪曾祺旧藏的几十本此刊，无奈要价太高，并须与几十本《良友画报》合售，只好放弃。

《诗刊》，存零本。

《论语》总出一百七十七期，我耗时二十年搜罗此刊，现仍缺一期。

《十日谈》原为八开本，后以读者提意见改为十六开本，我原存十数期，二〇〇九年一月又得十数期，可是仍不全。

《人言》，存一个合订本。

《时代漫画》总出三十九期，我先以低价得二十余册，后零星配得几册，离全璧尚远，亦不作此念想也。拙书《漫画漫话》自此刊中取材不少。

《万象》，取名“万象”的杂志有好几种，我说的这本《万象》的书影在姜德明著《书衣百影》中有展示，此刊出了三期，我藏的是全份，假如它出的期数多，攒齐就困难了。

《时代电影》，旧电影刊物很抢手，价格一直很辣手，现在根本买不起，我存的几本还是早先买的了，拙文《民国电影杂志过眼录》内有此刊的图片。

《声色画报》，它使人想到“声色犬马”这声名狼藉的词，用它作杂志的名字，真要顶住世俗的非议，其实它的内容并无大出格，我有两本。

《文学时代》，我存创刊号，最不可思议的，它竟是储安平的签名本。储安平是“活不见人，死不见尸”的大悲剧人物，天地间我不知道这本是不是孤本。

《自由谭》总出八期，我只有第一期，得自拍卖会。听别人讲我没有的那几期非常漂亮，我却连看一眼的眼福也没有。

《见闻》是唯一一本出版于战后的刊物，它离文学和文艺很远，是一本时事类刊物。我存有含第一期在内的十数期。关于此刊，只见过姜德明先生写的《邵洵美与〈见闻〉》这一篇，姜德明还写过《邵洵美与〈自由谭〉》，好像除此之外就没人写过了。

邵洵美去世的一九六八年，我正在家等待分配，这一年留下的印象是很燥，很乱，很不知所措，国家是这样，个人更是这样。八月二十八日我被分配去内蒙古草原插队，在那里待了八年。二〇一三年是插队四十五周年纪念，我抄了几万字的旧日记。一九六八年死了很多的文化人，我当时就知道一些，但不知道邵洵美也死于这年，那个年代没人知道邵洵美，课本里没有的就是不该知道的。近来邵洵美的名字似乎又比较多地被提到了，关于他的书市面上也能看到若干种了，有传记，有家人的回忆录，邵洵美的文集也出版了，这位当年被鲁迅贬得很不堪的文人重新得到尊重。

三十年代有一幅很有名的漫画《文坛茶话图》，人物众多，集一时之盛，画中有鲁迅、巴金、茅盾、林语堂、冰心、周作人、郑振铎、沈从文、叶灵凤、郁达夫、老舍、施蛰存等，而"坐在主人地位的是著名的孟尝君邵洵美"。漫画不能说明全部问题，但这个信号是明显的——邵洵美在三十年代的文坛是中心人物，虽然自那时起邵洵美就越来越边缘化，七十年后他又被人们重新提起，甚至于试图再现邵洵美三十年代的光彩。上海有家电视台找到我，他们了解到我私人收藏了不少邵洵美主办的旧画报旧文学杂志，想在这档邵洵美专题的节目里多一个视角。我不愿意在电视节目里谈邵洵美——谈不痛快；我跟编导说我不参加节目录制，就在电话里聊聊邵洵美吧。

说到邵洵美就不可避免地要提起鲁迅对邵洵美的评论，这虽是不愉快的回顾，却又是绕不开的。在鲁迅先生笔下，邵洵美的出场，名字前面总会冠以别称的，譬如“邵公子”“自称‘诗人’邵洵美”“富翁赘婿”“美男子之誉的邵洵美君”等等。但凡鲁迅对某人有了成见，某人的名姓就会首当其冲地代主人受过了。邵洵美一开始是写诗的，一九二八年五月出版诗集《花一般的罪恶》，这书的原版本很难找，此诗最初是发表在《一般》杂志四卷一期（一九二八年一月），我忽然想到去年夏天重金买的十几本《一般》，里面正好有初刊《花一般的罪恶》的这一期，此诗的上头还有钱君匋作的题头画，我本无心做“邵迷”，却每每在纸面上碰到邵洵美。在这期《一般》上还有一条启事，是章克标写的，他要“征求”《狮吼》半月刊，并称“备有相当酬报”。《狮吼》有邵洵美的背景，在当年就这么“一刊难求”。邵洵美对文化事业做了很多的事，他办了那么多的刊物，他没做过一件坏事，甚至于我觉得他连一件“不对”的事都没干过，所以只好拿“富翁赘婿”与“欲登文坛，须阔太太”来做文章了。

惹得鲁迅很不高兴的邵洵美的《文人无行》发在《十日谈》，鲁迅为此写了一篇超长的杂文（鲁迅说：“真的且住。写的和剪贴的，也就是自己的和别人的，化了大半夜工夫，恐怕又有八九千字了。”）鲁迅文章里的引文用的是“剪报法”，不然的话，八九千字一字一字去写，怕是一整夜也写不完。最近看到一封二十年代胡适写给钱玄同信的原迹，其中所引《老残游记》一段即为剪报，贴得整齐。可是，贴剪报原是为了省些写作的工夫，那么连写都不必写，岂不最省工夫。熬夜写出“又是有名的巨富‘盛宫保’的孙婿”“这两位作者都是富家女婿崇拜家”“但邵府上也有恶辣的谋士的”这样的字句，损害了鲁迅的健康，连鲁迅自己都说“给‘女婿问题’纸张费得太多了”。现在好了，邵洵美的文章大家也可以看到了，至于不至于让鲁迅熬夜写八九千字你自己去判断。“誉者或过其实，毁者或损其真。毁者，称人之恶而损其真。誉者，扬人之善而过其实。”最能说明问题的是在上海沦陷时期，邵洵美一点儿动静也没有，不写（集邮文章除外），不说，不做事，不出面，这也许就是我们习惯说的“大节”——也许是我们故意忽略的“大节”。在对抗审查制度上邵洵美和鲁迅本是一战壕的，只是由于种种的难以说得清的原因，许多误解拖延至今，当事人也都不在了。一个误解发生了，十次辩解也难以消除。

电影牙牙学语之初

《电影月报》第八期专号极其要紧，它表明默片时代的结束，电影会说话了。美国人说，“嘉宝开口了”，嘉宝是默片时代的电影明星。我们有一批默片明星，而现在除了搞电影史料的专业人员，谁还记得他们，能知道胡蝶、金焰是曾经的影后影帝就该表扬了。电影不像小说，电影是必须到电影院这个特定场合去领受它的艺术感染，小说就简单得多，随时随地都可以，古人怎么看书我们今天还是怎么看书，形式上几乎毫无改变，九十年前的电影是没有声音的，演员只有形体动作，却说不出话来。今天声光电闪的一代真是接受不了也理解不了，他们以为电影一直以来就是现在这个样子，连色彩都一直是斑斑斓斓的，何曾有过黑白不带色的。

《电影月报》的第八期是“有声电影专号”，一九二八年十二月出版，距二〇〇八年整八十年，很厚的一册，铜板纸的插页上印着明星的玉照，有夏佩珍、胡珊、郑小秋、张美玉、王献斋、程步高（导演）这些现代人不甚知道的名字。还有电影《奋斗的婚姻》《红蝴蝶》《热血鸳鸯》《火里英雄》的剧照（还有一部《国民革命军海陆空大战记》，像是纪录片，有孙中山宋庆龄的镜头，还有真打仗的镜头，似乎现在某些纪实节目里用过），估摸着这些电影的拷贝，不是没了，就是时间久了放不了了，这也是电影不如小说的地方，二十世纪二十年代的片子只能作为资料片了。此册图片中唯一和电影没关系的是潘玉良的两幅油画。

前几年我写《梦影集：我的电影记忆》时，手里还没有这本专号，但是我从张伟的书《沪渎旧影》里看到过。张伟是国内研究老电影的权威，他不同于别的研究者，张伟有私家藏品，他收藏的电影说明书全国第一。还有一个别人没法比的条件，张伟是上海图书馆研究馆员，上图是资料的宝库，近水楼台，再加上张伟的勤奋和聪慧。写完书后，我对老电影刊物的兴趣减退很多，但心中还存在几个目标是特别想拥有的，其中即有《电影月报》所出“有声电影专号”。《电影月报》非常棒，共出版十二期，每期的封面都是请名画家作画，每期的刊名也是请名人来写，而非只图省事用明星照相来糊弄读者。像“有声电影专号”，刊名是请胡适写的，封面画是丁悚画的。现在的电影刊物太图省事了，封面上一点儿看不出美术的元素。

曾在琉璃厂一家旧书铺的柜台见到一摞《电影月报》，一问价，吓死人，两万块，合一本两千块，这么高的开价你是没法还价的，还一半还是贵。有一回某旧书网站，有人拿出一大拨老影刊拍卖，尽是稀见之物，且书况甚佳。“有声电影专号”也在内，我当然要拼争了。每本影刊我都出了价，专号直出到一千八百元，但最终我一本也没拍到手，那天有两三位出价极其凶猛，你根本无法预测他到哪个价位（五百,八百,一千,一千五，两千）才会罢手，碰上这样的竞争对手，真不走运，这么一拨子老电影珍本就被这两三位瓜分干净。此次失手，我想我是与专号无缘了。谁知五个月后，这拨影刊又露面了，同一网站同一卖家，几乎是上回拍卖的全部，专号也回来了，怎么回事啊？我在网上发短信问卖家，别是其中有诈吧。

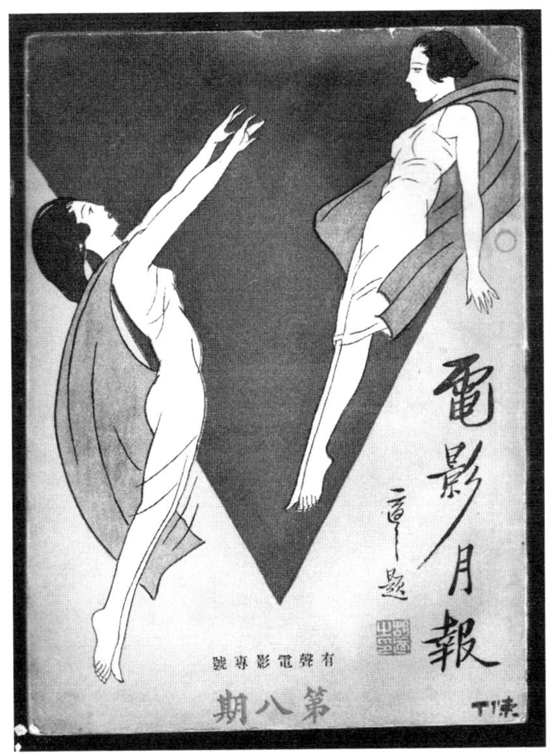

胡适题签，丁悚绘封面的“有声电影专号”，标志着电影“从无声到有声”新时代的开启。

问题很简单，原来是买家悔约，实际上没成交，所以卖家只得重新拍。网络上的事挺怪，凡是拍过一次的货色再拍第二回，总是不如第一回拍的价高。专号只出价到上回的三分之一，就归我了，这样的事不知该归于书缘还是归于心诚。给卖家汇钱的时候我本想嘱咐他一句别“张冠李戴”，因为同时他拍有好几本《电影月报》呢，我担心他寄乱了，还真是差了这句嘱咐，这位老兄真把另一本《电影月报》错寄给我了，我赶紧给他电话，还好专号还没寄出去。又是一番我寄你、你寄我，“有声电影专号”才真正地属于我。这册专号里还夹着一张“发音电影演讲会”的入场券，演讲者美国饶柏森博士，券的背面印有“科学之昌明一日千里。我人不努力追求。将成为时代之落伍者”。实际上在当时，中国电影在科学技术方面落后世界先进水平并不太远。

中国电影一百周年带来的机会

二〇〇五年秋在北京举办的全国民间书报刊研讨会上，一位老前辈劈头便问我："小谢，你最近干吗老写那些老电影杂志，有多少人爱看呀？"我一下子愣住了，无言以对。散会之后，我仔细琢磨这句问话带来的几个方面值得思考的问题。

问题一，写什么？

问题二，怎样写？

问题三，凭什么写？

第一个问题和第三个问题可以连起来思考和回答——凭着什么去写什么？王蒙先生说过——"长篇靠生活，短篇靠技巧"。王蒙是对作家而言的，我们这些人不是作家，我们主要是凭着自己的收藏加上一点生活感悟写一点小文章，这是我们的本钱（至少是我自己的本钱）。清醒地知道自己的本钱，才能清醒地给自己定位——我凭着什么写？我只能写什么？

第二个问题牵扯的面比较多比较复杂，非一句两句说得清楚，我在本题"中国电影一百年带给我的机会"中会夹杂我对这个问题的看法。

中国电影一百年，无疑是一天赐良机，至少你写有关电影的文章比平日容易发表。我们写的这一类文字属于边缘文章，比较难发

二〇〇五年，我在中央电视台与著名主持人张泽群聊电影《青春之歌》及我的电影刊物收藏。

稿，所以碰到一个好选题好机会怎能放过？而且我自己的藏书藏刊正巧与电影对上题了，剩下的问题就是“怎样写”了。二〇〇四年，我预先意识到第二年即是电影一百年纪念，提前与出版社商量写一本关于电影的书，出版社亦正有此意愿，因而一拍即合，马上就签了出书合同。二〇〇五年初，《梦影集：我的电影记忆》出书，纪念一百年的大幕也在各种媒体火火地拉开，我的书卖得不错，央视的电影一百年纪念节目用了不少我书里的图片。中央电影新闻纪录片厂看到我的书，认为里面的一些素材可以拍进纪录片里，专门来我家拍了四十分钟的电影（剪辑后只剩十秒），用在十二月二十八日在人民大会堂首映的大型纪念电影一百年的纪录片《光影百年》中。

姜德明先生表扬了我的书，并指出我史料运用的一些疏漏，使我深佩姜先生不同于其他藏书家的高明之处。李君维先生和上海的陈老先生对旧上海的老电影非常熟悉，也指出不少问题，有的问题属于大的失误——我对某些电影的时代背景的误读。新加坡广播电台主播人李有烁先生是个老影迷，买到我小书之后，特别兴奋地打电话和我聊老电影、老影星、老唱片，还给我寄来老电影说明书。香港某报还发了篇书评。我这里没有自卖自夸之意，只想说明，个人的爱好、个人的藏品是很渺小的，必须顺应时势，在夹缝中求得生存之地。怎样写，不只是个技巧问题，你必须时时思考如何与外面的世界沟通，一厢情愿、自鸣得意地闷头写孤芳自赏的文字与题材，不大会有出路的。

书房与藏书

一

十多年前中央电视台来采访过我的书房，在一九九几年还算可以，现在跟楼上楼下的豪宅相比，我这就是个“书窝”。大小十平方米，还得搁一张床。另外，在厅后边靠北隔出一个六平方米左右的空间，我把它叫作“老虎尾巴”，写东西的时候就在那儿。

书全是窝着。并不是说一个人有多大书房，就有多大学问。其实我的书并不少，一本本排列起来搁在书架里，估计也得有二三里地。但我这儿都是堆积的状态。现在从淘宝买的四号纸箱，书放在箱子里。从一九九七年到现在，书房面积一寸也没增加，书是越填越满。我现在写作的这个六平方米的空间，进来就只能放两把椅子。后边是书架，前面是一张桌子。写字台也是我自已拿门板搭的。

现在新旧书加起来大概有两万册。一九九七年的时候，北京市评选的第一届北京市十大藏书状元，我是其中之一。当时的标准是，有独立的书房，有两千本书。我觉得我的书不够呀。评委到我家一看，你怎么不够呀，两万本都有了。他不知道两万和两千的概念。一个两米乘两米的书柜是搁不了几百本书的。

我现在的书，只有常用的十分之一在外面，手能够着；十分之九都在纸箱子里睡觉。有的从一九九七年一直睡到现在。当时搬过来就在箱子里，后来来不及打开了，因为没有那么多书柜可以展示。

二

民国期刊是我的一个专题。以前我们都说“解放前”，但“民国”这个词现在不是特响亮吗？民国期刊大概占了四分之一，有五千册。

我买书不追榜单。比如现在十大榜单、年度好书，我不追这个。我所有买的书都是我喜欢看的。而且我的书的构成，对于写作和研究来说够用了。我写作的基础是民国电影、民国漫画、民国掌故、民国人物。我的这些民国期刊，加上现在的研究成果，足够搭建起一个框架。别人写书都得上图书馆，我根本不去图书馆。自藏够用了，何必去找那个麻烦。我出的书全是带插图的，所有的图片都是我自己弄的。刚开始拍照。现在是扫描。

一九八九年那会儿，单位管得比较松一点，上班中间溜号，出去逛琉璃厂。原来去琉璃厂都注意新书，具体买旧书是一九八九年开始的。原来给我找配旧杂志的是中国书店的种师傅，当年是给巴金找书的人。种师傅是相当于琉璃厂闻人雷梦水那个级别的人物。

那会儿中国书店里头的柜台，非常冷清。我收集的主要是民国及沦陷时期的期刊。日本人占领北平、上海期间，出版的一些中文期刊，几方都查禁或打入冷宫，故存世稀少。张爱玲最早是在沦陷区出的名。杨绛也在沦陷区写剧本。现在杨绛自己肯定不愿提这一段。而且整个的所谓“民国期刊”，以珍罕程度而论，精华是上海沦陷时期、北平沦陷时期和南京沦陷时期的杂志。这在咱们国家的文学研究领域里是禁区，不能研究这个，只能研究抗战文学。沦陷区的文学和现在的文学完全不是一个味儿。中国现代文学史，对沦陷区文学的研究只是皮毛。可重庆、成都那么安全的地方，能有什么文学呀？

所以当时种师傅帮我一点一点地买。他为什么有这个权利？因为他可以进库房。我开一个单子，说要找什么杂志。他就一点点地给我找。当时价钱很便宜，几毛钱，一两块钱一本。不像现在，二十五年前没人要的杂志，现在卖几千块钱一本，而且还锁在柜子里。真是今非昔比了。

所以我感慨，二十五年前是人家求着你买，现在是和日本人抢着买。日本人现在回过头来找这些东西，要研究这段历史。日本人钱多啊，哗哗一开单子，全买走了。日本人买的杂志，咱们自己的人不让买，不让说，不让研究，这是非常可笑的事情。

从一九四一年太平洋战争开始到一九四五年八月十五日日本宣布投降这四年的时间里，怎么样的期刊算有名呢？我以为，凡是登载过张爱玲小说或文章的期刊应该算是有名的，譬如《天地》《杂志》《紫罗兰》《万象》等。张爱玲成名之作《第一炉香》《第二炉香》就发表在《紫罗兰》上。还有一个期刊叫《苦竹》，是胡兰成在南京办的。最有名的要算《古今》，里头有大名鼎鼎的藏书家黄裳的文章。这可是典型的汪伪刊物。汪精卫、周佛海那些人在这个杂志上写文章呢。《古今》上也有张爱玲的两篇文章。这些杂志构成了当时上海沦陷区的文学版图。

我也是机缘巧合，把凡是初刊张爱玲作品的期刊基本上全收齐了。《金锁记》《倾城之恋》当时发在哪本刊物的哪一期，我都能找到。

北平因为沦陷了八年，杂志比较多，有《中国文艺》《艺文》……北平的杂志得有周作人的文章，那才是名贵杂志。而且周作人是第一把交椅，登杂志他得在头条。

抗战一胜利，敌占区的这些东西不是烧就是禁，谁敢收藏呀，这不是招祸么。国民党也烧，共产党也烧，咱们自己的研究人员也不让研究。所以这些杂志收藏难度非常之高。

有些杂志里的信息，可以颠覆既成的说法。最明显的就是梅兰芳的蓄须明志，哪里有鬼子把刀架在脖子上逼他唱戏的事啊。当年梅兰芳准备把孩子放到重庆，自己跑到上海，当时上海已经沦陷了，可是他还是举家回到了上海。他生活照常，你看那照片。日本人不动你这个，你爱出来唱不出来唱没有关系。这个事儿我给发现了，我给写出来，但是写得稍微婉转一点。

三

杂志的趣味，远远要高过单行本。一套期刊里，可以说人，可以说办刊风格，可以说花边新闻……，趣味无穷。但一般人都“重书轻刊”。正好我乐得一花独放。谁也写不过我，二十本书全是写老杂志的。

市面上出版了一本《宋淇传奇》。宋淇、黄宗英、黄宗江当时就在那本《杂志》里写东西，采访孙道临（孙以亮）什么的。黄宗英说第一个丈夫怎么跟她结婚第四天就死了，那都有照片呀，别的杂志里有这些东西吗？《杂志》是中国最好看的杂志。但是现在，全国有整套的人不多，我却存有两套。

收藏杂志的难度在哪？单本好求，全套难求。当时办杂志是真的在办杂志。前两天《文汇报》约我谈民国的画报。我说，民国最光辉的东西，是通过期刊体现的。封面绚丽多彩到不可想象。从民国再往前推，鸳鸯蝴蝶派的刊物，更是好玩好看极了。那时候的封面，基本上都是画家画出来的。现在的封面都是拍出来，或者在电脑上PS上去的，欣赏性差多了。所以，我这几千本杂志，胜过几万本书。

而对于期刊收藏，第一是没有货了，因为收藏太热。第二，有的话，价钱也太贵，都被中国书店垄断了，不再是一块钱、两块钱买一本旧期刊的时代了。十万八万一套，成套的也很稀少。当时中国书店卖杂志的时候，我去看过一回他们的库底。我主要问题是钱不够，靠工资收入，买书还是费劲。

认杂志的人不多，不如古书。古书只要是线装的，收拾收拾就能卖个好价钱。但古书只有观赏性，民国期刊有“可写性”。古书有什么可写性呢？民国期刊的可写性太多了，封面、书的里头、书的外头，故事可多着呢。就看你有没有本事写得好玩儿。

四

现在已经不是买书的时代了，现在是写书的时代了。那么贵，你怎么买呀？尤其像我这样从便宜买过来的人，以前一块、两块、几十块买回来的书，现在跟你要几千块一本，接受不了。心里的弯儿绕不过去。二十五年前的杂志可以随便挑选，那是个好时代，我赶了一个尾巴。也是误打误撞，不是先知先觉。所以我这个路，别人模仿不了。

买了这么多期刊，又写了这么多关于期刊的专著。我写过民国电影、民国漫画。写电影那本书《梦影集：我的电影记忆》时，中央新闻电影纪录片厂到家里来拍过一个电影的短片。可不是录像，真正用胶片哗哗转着拍了十几个镜头。这部纪念“中国电影百年”的纪录片首映式在人民大会堂，观众里只有我一个人被念了名字，新闻联播里也念了我的名字。我的民国电影期刊特别多，而且我看过的电影票也全留着，电影说明书、电影画报，二十二位大明星的原版照片我都有。“中国电影百年”可不是小事儿啊，那个纪录片的名字叫“百年光影”。作为一个爱书的人，能出现在新闻联播里，这不就挺光荣的嘛。

我之所藏和所读，不是一类书。先说我不读什么吧。当代所有的小说都不读，只有王朔的读一读。王朔现在不写了，我也不读了。就现在这些散文、小说、诗歌，这些东西，通通不读。我看过好的了，看它们干什么呀？

还有，武侠书不读，科幻书不读，神怪书不读。金庸的书你白给我我都不看。诺贝尔奖的小说也不大爱看。读的都是闲书。现在我对一战、二战、朝鲜战争的书比较感兴趣，比如丘吉尔写的《二战回忆录》，索尔仁尼琴的《古拉格群岛》。人家国家在反思二战、朝鲜战争到底是怎么回事，和咱们以前受到的教育完全不一样。还有写文史、笔记掌故的书。我也喜欢建筑类的书籍，关于全国各地的民居、窑洞，各种画册、老北京地图，我都爱看。

旧书摊畔的苦乐

一

藏书和读书有很大区别，但是相似的一点是都需要悟性。所谓悟性，就是刚开始时不要乱收藏。《围城》里钱锺书写方鸿渐“兴趣广泛，全无心得”，你收藏范围特别大，就不会特别精特别专。比如说你收藏传记类的书，传记又分政治类和军事类等等，你要把某一类收得比较齐全，且出版年代比较早的，印数比较少的，形成规模，形成系列。

藏书要有目的。一些人是为研究而藏书，这占大部分，小部分人是为藏书而藏书。你要走对路，要先明白这个“藏”是什么意思。有人说藏书不就是买回来够一定数量就是吗？那可不是。你家里堆一屋子书也算不得是藏书。收藏要看书的珍稀程度，要看书的年头，要做到“我有你没有”，要具备“难度系数”，这些因素搁到一起才算是收藏图书。

要搞收藏，首先你心里要有一个种子，有一种收东西、攒东西的心理状态，这样当你遇到一个契机时，就自然而然做起来了。这是有些随机随缘的。

但是藏书也不是藏起来就完了。有不少藏书家都是这样。我认得一个人，藏书巨多，别墅的游泳池都恨不得抽干了来放书，那书是真多。我的藏书数量不是最多的，但是能被称为“藏书家”，是因为他们写不过我。我是写藏书写得最多的人。写作也需要窍门，作家如林，很难脱颖而出，作家还争不过来呢，搞收藏的就更难了，你要找对路数。我刚开始写也不会写，后来我找到一条路径了，把它当散文写，当杂文写。比如我写一本书，我有，大家都没有，我在这儿说了半天这书怎么好怎么好，说得挺热闹，大家读起来没有亲切性。不如写我是怎么得来这书的，我很高兴，就写收藏这回事，这样就找到了自己写作的特殊之处。人家说过的陈词滥调一概不要再说，别人做过的我全不做，才能走出一条自己的路来。比如你说我以收创刊号出名，但我什么都看什么都收，这只不过是我当时写藏书的一个点，二十世纪九十年代那时候写出来这些引起了轰动，因为没有人这么写过，比较好玩，这种形式比较新。《搜书记》出版之后还有人问呢，你这《搜书记》搜的是县委书记还是什么书记，这样的读者很多，说明非大众所“耳熟能详”。这样，我边藏边写边得稿费边得名，这才是收藏的康庄大道。

二

收藏和一般买东西不一样，一般没买着就没买着，有收藏癖好的人都患得患失，买着了特高兴，买不着捶胸顿足，买着了还可能会心疼这钱，钱花多了也不行啊。收藏者的心理都不健康，自寻烦恼。

要说收藏过程中好玩的事，很多，讲一个关于《人民画报》的吧。《人民画报》是一九五〇年出版的，新中国的第一份画报，“文革”都没有停刊。我在二十世纪九十年代是以五百块钱买下来的。当时正赶上新中国成立五十周年大庆，拍天安门阅兵的那个摄像师到我们家来拍我收藏的《人民画报》。我写了《我与〈人民画报〉50周年》发表于报刊上。巧的是，不久之后我又在地摊上买到了我这文章的原稿，报社清理没用的废稿时把它们都扔出来了，我的原稿，连带那期的校样，还有翻译成十几国文字，蒙文版、朝鲜版的《人民画报》等等，我又给收藏了回来。这个稿子在全国二十几个省都刊发过，所有的报纸我都要样报收藏起来了。

再讲一个是关于张爱玲的。我收集张爱玲的书已经有二十几年了，张爱玲一九四九年以前发表作品的刊物，也就是“首发刊”，我几乎收集全了，这样的收藏全国也没有几个人，全国那么多张迷，他们不太重视这个。我最开始是抄写张爱玲的格言佳句，后来慢慢才收藏起来的。所以说收藏还要抓专题，张爱玲多热呀，你收藏一大堆无名作家，那就不行。二十年前还没有那么多张迷，也不会知道二十年后张爱玲会这么火。

收藏首先不能谈钱，现在亿元时代都到来了，你再谈捡漏儿什么的就要遭人笑话。再一个就是你一谈钱，别人就要恨你。比如说我买巴金的《家》花了五百块，写在书里了，这书怎么好怎么好。卖家一打听不高兴了，“这书值5万啊原来，500卖少了！”我们现在很多时候是从网上买书，人家一看是老谢买书，那肯定是好书，就会说“这书找不着了”，然后你再去看就已经提价了。提起这拨人，我们上一辈的收藏家都骂得特狠。二十世纪二十年代，周肇祥就骂琉璃厂那些人，一见那些伙计的嘴脸就想骂，“欲殴之斗之”。《搜书记》里有好几篇都是骂琉璃厂书贩的。所以说，买书藏书，一方面是要跟最喜欢的书打交道，一方面要跟最讨厌的人打交道。

最喜欢的书在最讨厌的人手里，你一拿起来，他就说“老谢我得先看看。”“这不写着200吗？”“不，不，写错了，是800。”你说你生气不生气？

三

很多人就喜欢听电视上讲收藏，这东西怎么来的什么的，真故事人家是不会给你讲的。你看电视上那么多收藏节目，收藏何时成了大众娱乐之物？以前收藏谁会拿出来显摆啊，全变了味儿了。收藏成了很龌龊的事，龌龊的形式，龌龊的行为，龌龊的手段，龌龊的目的。贪得无厌，你不编点谎话行吗？上上下下老一辈收藏家哪一个没干过这种事？但是要说要写就是另一回事了，“收藏，好，人类最高尚的行为”。真不是。纸上的文字多是骗人的。

藏书没那么好，读书也没那么高尚。高尔基还说过“书是人类最好的朋友”，书害了多少人啊，比如焚书坑儒。读书最好是视书为没有书，读书就是读书，别的什么都不是。知识分子比别人多读俩字儿更麻烦。鲁迅说过一句话，大意是读书多了，最后平添了看不起人的毛病。我模仿了一句，读书的目的就是为了看不起人。“红楼梦看过吗？”“看过了。”“我十年前就看过了。你看过几遍？”“我看过两遍。”“你看过两遍，我看过二十遍。”我看过你没看过，我看得比你早，我看的遍数比你多，这些都是看不起人的资本。钱锺书为什么那么刺儿？就因为他读书读多了，他谁也看不起。跟老财主一样，读书多的一定看不起读书少的，读书早的一定看不起读书晚的，没有那么高尚，似是而非，似非而是，有很多误区。

藏书和其他行当没什么两样，都是很龌龊的。《红楼梦》里不是有一句话吗？就“门口那俩石狮子干净”，还让人家给摸脏了。“收藏”这两个字，是收好了，藏起来。现在很多收藏家心理都不正常，你有我没有，就会嫉妒，这帮人活得很累，都魔障了。你说他们收藏就都好么，其实都一样，只不过比贪官污吏强，对社会的损害程度小一些。藏书需要心静，但是社会那么浮躁你静得下来吗？静不下来。

古人变卖家产、将治病钱拿来买书，这种精神当然值得敬佩，但是不仅仅是藏书有这种精神，做任何事都需要一种破釜沉舟、九死不悔的信念。随便问一个创业的，唱歌的，练芭蕾的，哪一个不辛苦，比如说“大衣哥”朱之文，当年也苦着呢，怎么一说到藏书精神就了不得了呢？藏书不仅是精神的事儿，还得要有钱，藏书本身就是吃饱饭后的闲事，很多人都是把书当作成功后的装饰，然后说成功是靠读书读来的。

四

曹丕说“文人相轻”，藏书家也一样，而且轻得更甚。有可能是你藏书比我多，我嫉妒你，嫉妒之心人皆有之啊。再就是这本书你有我没有，如果说我们收藏的品种不同那还好点，最怕的是咱俩收藏的书是同一类，又一起去淘书，见到同一本喜欢的，那就只能明争暗斗了。比如咱们俩都收藏张爱玲，但是张爱玲就这一本，那你怎么办啊？现在的拍卖会其实是争夺的表面化、公开化。

我跟藏书家打过交道，陈子善在上海，我们俩没有矛盾，没有一块儿买过东西遛过地摊，没有发生过争夺的事。

韦力和我藏书的品种不一样，我这个藏书家要加引号，韦力是真正的大藏书家，不仅古书多，著述也多。他的书多到什么程度？这样说吧，我们毕竟还是藏书爱好者之间的比较，而韦力的实力可以跟大图书馆抗衡，我跟一个资料室都比不了。我爱开玩笑，最近还跟韦力一起吃饭开玩笑，我说现在藏书家的标准不确定，如果我是你就不是，如果你是我就不是，二者必居其一。韦力没有明白我是什么意思，就说你是你是，我不是。这个玩笑是说，如果我是藏书家的话这个标准就太低了，韦力会耻于与我为伍；如果韦力是我就不是，韦力标准太高。就像比尔·盖茨是企业家、是老板，我去早点铺吃豆腐脑油条，也称呼人家老板，呵呵，两个老板的标准差得就太大了。

下一代问得最多的是电子书取代纸质书怎么办？这是典型的杞人忧天。电视兴起的时候觉得电影院可以被取代了，到现在看来还是取代不了。手机兴起时有人觉得电话可能就要没用了，现在电话也还是常用的，只不过是市场份额有分化。最近有个文章说假如地球只能存在十万年你现在应该做什么。我说这你担心的有些远了吧。曾有人称二〇一二年是世界末日，现在还有人提吗？

要说担心，可能是这些辛辛苦苦攒起来的书的归宿问题。我家孩子不喜欢书，跟她说这本书多少钱怎样怎样，她会说你别跟我说这个，我没工夫听。你说你收藏了一辈子，最后可能她找一个收废品的一万块钱全拉走。

不过藏书对我来说也算是给自己找个事儿做，总不能整天介游手好闲吧。小区门口经常有三四个棋摊，一个摊围着五六个人，都还是中年人，你说他们做点什么不好呢。时光可惜，不能任凭白白流失。

后 记

一本书前有序后有跋（后记），才算完整。我读书，也走这么个程序，先读一头一尾（序和后记）。序比后记重要，不然不会有这么多作者恭请名人来“赐序”。后记并非可有可无，有话则长，无话则短，总归是要有的。范伯群先生前几天刚刚病逝，如今重读他的《中国现代通俗文学史》的后记《觅照记》，依旧能够感觉范先生当年的不平之气，这股气当然不便在正文里发泄，只有在后记里一吐为快，这个例子说明后记的不可或缺。你要感谢谁，你有什么苦闷，后记是你温馨的港湾。

后记也是扯闲篇的好地方，我就再来说说老虎尾巴的一点儿掌故。过去住四合院平房时，我学会了做木工活，自学的，业余水平，没拜过师也没考过级，据专业的讲，四级木工考试的标准是半天做一把椅子，椅子看着简单，其实技术难度很高，榫卯多是斜的，而且椅子对牢固性要求高，坐上晃来晃去没两天散了，再摔着人了那可不成。我没做过椅子，我做的都是榫卯结构、横平竖直的家什。第一件产品是凳子，再后是床头柜，再后是酒柜，再后是组合床，结婚用的即为此床，还做过沙发，再后就是写字桌和书柜了。我做木工，自己设计样式，有过很好的创意。前美国总统卡特也是木工爱好者，人家设施太齐备了，有专门的作坊，还有电动工具，我是比不了的，还有一问题，住平房在院子里敲敲打打还不算扰民，住楼房就不行了，一点儿动静，楼下就敲管子。我也碰过极有涵养的（反过来说，我就太没涵养了），曾经楼下住的是著名书法家杨萱庭，他写超大的榜书很出名，李大钊碑文是他写的，我住他楼上时做过沙发、写字桌、书柜，而且都是晚上下班后做，历时数年，他居然一声不吭，后来还是对门提醒的我：你听听这动静在晚上多撼人心魄。

从那以后，我再没做过一件家具，木工家伙儿亦刀枪入库，手边留的仅是一把小锯（俗称开榫锯），修修补补的小活用得着，刨声、凿声、锯声、敲打声，相比之下，锯声应该是噪声中较能容忍的。我的老虎尾巴的布局如下——北窗两扇，窗下自制写字桌一，桌面有如下文房：墨水瓶、钢笔、铅笔、圆珠笔、胶水、镇纸、平尺、耳挖勺、剪指甲刀、四十瓦台灯、友人来函未复者、汇款收据、备忘录、台历、零钱、壁纸刀、老花镜、放大镜、军用望远镜。书桌抽屉二，内有：日记本、购书本、发稿本、房契、身份证、存折、初版本《流言》、香皂、手帕。东西两墙，西墙光明牌书柜一，二十世纪八十年代购，价六百元，此柜分上下两部分，上部玻璃门四扇，下部不是玻璃门，可容纳书籍约五百册，鄙藏中有关书的书皆收入此柜。另外较稀见的精装本亦藏于此柜，精装书的展示性不容置疑。下部放我写的书，周作人著作初版本、剪报本、小中学成绩册、夜大毕业证书、各种证书、早期照片底片、家庭相册，均井然有序，体现斋主的条理性。东墙乃自制书架，前说小锯就干了此工程，用的是钉子，用了钉子就不是木匠活了，俗称“钉活”。书架五层：下层山水牌音响一架，主听瞎子阿炳的《二泉映月》及《良宵》；台面是门板改用，放置电话、常用工具书、新购未读书、手电筒、计算器；三层置常用书；四层置旧报纸，早年间集邮册，常年不看的线装书、巨型画册、老画报；莫到琼楼最高层，再上就是灰了尘了，与梁思成、林徽因的应县木塔大梁上摸的那把灰一样积厚难返。

这是十多年前老虎尾巴的模样，在《新京报》采访的照片中依稀可见，如今已不复存在，我想念它。

二〇一七年十二月二十日晚九点钟